Immanuel Erhard Völker

Wünschet Jerusalem Glück

Reden aus der Judenmission

Immanuel Erhard Völker

Wünschet Jerusalem Glück
Reden aus der Judenmission

ISBN/EAN: 9783743327078

Hergestellt in Europa, USA, Kanada, Australien, Japan

Cover: Foto ©ninafisch / pixelio.de

Manufactured and distributed by brebook publishing software (www.brebook.com)

Immanuel Erhard Völker

Wünschet Jerusalem Glück

Wünschet Jerusalem Glück.

Psalm 122, 6.

Reden aus der Judenmission

von

Immanuel Erhard Völker

evangelisch-lutherischer Pfarrer zu Sct. Martin in Groß-Ingersheim.

Sechste Auflage.

Erlangen und Leipzig.
Andr. Deichert'sche Verlagsbuchhandlung Nachf.
(Georg Böhme).
1891.

Seiner Hochwürden,
dem Herrn
Geheimen Kirchenrate
Professor Dr. Franz Delitzsch
in Leipzig,

dem Dolmetscher des Evangeliums für Israel, dem Mahner an die evangelisch-lutherische Kirche zur Fortsetzung des von August Hermann Franke und Johann Heinrich Callenberg in Halle begründeten Werkes an Israel zum dankbaren Gedächtnis

vom Verfasser.

Vorwort zur sechsten Auflage.

Zum sechstenmal bittet diese Schrift um Eingang in die Häuser der Missionsfreunde. Sie will Erfahrungen aus einer Missionsthätigkeit von bald zwei Jahrzehnten nach deren verschiedenen Seiten mitteilen. Zunächst ist sie für meine lieben Württemberger bestimmt, ebenso wie meine anderen Schriften, um so mehr freut mich's, daß dieselben auch sonst in der alten und neuen Welt Eingang gefunden haben. Manches in meinen Schriften mutet wohl den und jenen etwas fremd an, aber mit meinen Landsleuten muß man schwäbisch reden, zumal wenn man sie für ihre liebe Mutterkirche wieder gewinnen und ihnen die dieser vom Herrn anvertrauten Gnadenschätze ans Herz legen will. Ob mir's gelungen ist, so zum Herzen meines Volkes zu reden, das mögen andere beurteilen, mir auch Winke dazu geben.

Im Jahr 1888 drängte es mich, dem dreieinigen Gott Lob und Dank zu sagen für den unerwarteten Segen von 100000 Exemplaren meiner Schriften, heute, da sie in einer Viertelmillion erschienen sind, bewegt mich tiefe Beugung, und ich bitte mit einem Größeren: Herr Jesu, nimm sie in Gnaden an von mir sündigen Menschen!

Allen Brüdern und Mitgenossen an der Trübsal und am Reich und an der Geduld Jesu Christi

In der Fastenzeit 1891.

Der Verfasser.

Vorwort zur dritten Auflage.

Der Verfasser kann nicht umhin, dieses Buch, dessen erste Auflage im Jahr 1886 erschien, mit einem kurzen Vorwort zu begleiten. Ist es doch in seiner dritten Auflage eine Jubelschrift. Der Verfasser darf nämlich die Freude erleben, daß seine Schriften nun in 100 000 Exemplaren im Druck erschienen sind, ja diese Zahl vergrößert sich noch, wenn, abgesehen von dem durch denselben herausgegebenen Württembergischen Missionsblatt, die in anderen Sprachen erschienenen dazugerechnet werden: denn etliche derselben, wie das Lutherbüchlein, das Kirchenbüchlein, die Konkordienjubelbüchlein und Missionsschriften wurden in fremde Sprachen übersetzt, so in die englische, französische, schwedische, finnische, tschechische und tamulische Sprache. Der Verfasser darf also ein schriftstellerisches Jubiläum feiern. Seine Feder gehört seiner teuren Kirche, der evangelisch-lutherischen Kirche, als der Kirche des reinen Worts und des schriftgemäßen Sakraments. Er hat sich nicht gescheut, seit Jahren das Panier seiner Kirche, die Fahne des Luthertums, das lautere Gotteswort der heiligen Schrift und die reine Lehre desselben hoch zu halten; er ist als evangelisch-lutherischer Christ und Geistlicher damit auf den Plan getreten in einem Lande, wo beinahe alle Verbindung mit der übrigen evangelischen Kirche Augsburger Konfession aufgehört hatte, ja wo kaum noch das Bewußtsein der Zugehörigkeit zur evangelisch-lutherischen Kirche vorhanden war. Dieses Bewußtsein war wohl in keinem andern deutschen Lande so lebendig, als im alten Herzogtum Wirtemberg, aber unser heutiges Geschlecht hat das Band mit seiner eigenen religiös-kirchlichen Vergangenheit beinahe zerrissen. Er hat sich nicht gescheut, seinen teuren Landsleuten zuzurufen, daß sie nicht evangelisch-reformierte, nicht evangelisch-unierte, sondern evangelisch-lutherische Christen seien; er hat sie auf die Güter aufmerksam zu machen gesucht, welche gerade unsrer evangelisch-lutherischen Kirche gegenüber von andern religiösen und kirchlichen Gemeinschaften vom Herrn anvertraut sind, und war ihnen zu zeigen bestrebt, daß es wohl wert sei, diese herrlichen Güter festzuhalten und gegen alle

Angriffe zu verteidigen, mögen diese nun von papistischer oder ungläubiger Seite kommen, von Seiten der reformierten und sektirerischen Schwarmgeisterei oder der menschlich gemachten, falschen sogenannten Union. Er gedenkt auch künftig für sich und seine Arbeit auf dieser Burg von Gottes Wort und Luthers Lehr' zu bleiben, obgleich die lutherische Kirche wie eine Nachthütte im Kürbisgarten erscheint. Denn Gottes Wort und Luthers Lehr' vergehen nun und nimmermehr.

Der Verfasser hat es aber auch gewagt, für die Judenmission einzutreten. Auf dieser Mission lastet nicht bloß der Haß der Juden, sondern auch die Ungunst der christlichen Welt, obgleich gerade sie von den Juden so manches zu leiden hat, ja sogar das Mißtrauen der Gläubigen; besonders aber muß die Mission unsrer evangelisch-lutherischen Kirche der Aschenbrödel heißen bei den Gliedern ihrer eigenen Kirche. Diese können wohl begreifen, daß seitens der evangelisch-reformierten, der evangelisch-unierten und anderer Kirchen und religiösen Gemeinschaften und Sekten Mission getrieben wird und zwar Heidenmission, Judenmission und innere Mission, aber daß nun auch ihre eigene, die evangelisch-lutherische Kirche sich aufmacht, die ihr anvertrauten Heilsgüter unter Heiden, Juden, Türken und Christen zu bringen, das ist ihnen unerfindlich, und sie unterstützen mit ihren Gaben zwar die Mission anderer Kirchen, dagegen die ihrer eigenen Kirche sehen sie scheel an. Auch unsere württembergische Mission unter Israel muß das in ihrer Heimat, in unsrem Württemberg erfahren. Doch hat der Herr auch diese lutherische Missionsarbeit in Gnaden angesehen, und nicht zum wenigsten gehört dazu die Verbreitung von 18500 Missionsschriften. Es sind der lutherischen Judenmission in unsern Tagen die Thüren so weit aufgethan, mögen die Christen ihr auch die Mittel reichen, daß sie durch diese offenen Thüren eingehen kann!

Möge der Dreieinige Gott auch künftig uns und unsre Arbeit gnädiglich ansehen, ja das Werk unsrer Hände möge er fördern.

Soli Deo gloria!

In der Fastenzeit 1888.

Der Verfasser.

Text: Röm. 9, 1—5.

Geliebte in dem Herrn!

Diese Worte hat der Apostel Paulus gesprochen. St. Paulus war, wie Ihr wißt, von jenem denkwürdigen Augenblick an, da er nahe bei Damaskus vom auferstandenen Herrn Jesus selbst aus dem Reich des Teufels in das Reich Gottes, aus der Sünde in die Gnade berufen ward, diesem Rufe treu ein Prediger des Evangeliums. Er hat das Evangelium besonders unter den Heiden verkündigt, ist also ein Heidenmissionar gewesen, und zwar der größte, den es gegeben seit der Zeit, da die christliche Kirche besteht, bis auf unsere Tage, und man darf getrost beifügen, der größte, den es je geben wird, so lange die Kirche Christi eine Stätte auf unserer Erde haben wird. Und dieser große Heidenmissionar war ein eben so großer Judenmissionar; dieser Mann, welcher eine solche Liebe zu uns Heiden hatte, daß er um unsertwillen keine Mühe, keine Arbeit, keine Anstrengung, keinen Schweiß, keine Verachtung, keine Not, selbst nicht den Tod scheute, daß er überall mit seinem Evangelium eindrang, wo er nur irgend eine Thüre offen fand, dieser Mann hat noch eine viel größere Liebe zu den Juden gehabt, den Juden, welche seit seiner Bekehrung zu Jesus dem Christ, dem Messias, nichts zu thun wußten, als ihn zu hassen, zu schmähen, zu lästern, zu verfolgen, die Heiden gegen ihn zum Aufruhr zu wecken, ihn von einer Stadt zur andern, von einem Land zum andern zu treiben, und nicht ruhten, bis sich endlich dieser Mund der Wahrheit zu Rom im Tode schloß. Wie viele Klagen hört man unter uns über den Wucher und die Bedrückung der Juden, mit der sie ihre christlichen Mitbürger bis zur Armut aussaugen, und diese Klagen endigt man gewöhnlich mit dem Wort: Für diese Leute sollen wir nun auch noch etwas thun, ihnen das Beste geben, das wir haben, das Evangelium von Jesus, dem Christ? Nein, die muß man aus dem Lande jagen! Das Wort Gottes aber durch den Mund

St. Pauli redet ganz anders. Gerade weil die Juden solche Sünder sind, denkt dieser, brauchen sie um so mehr Gnade, denn je größer Sünde, desto größer Gnade; ja, sagt er, ich würde für meine Brüder, meine Gefreundte nach dem Fleisch gern auf meine eigene Seligkeit verzichten — das heißt ja sich verbannen lassen von Christo, — wenn ich nur wüßte, daß ich dadurch dieselben selig machen könnte. Geliebte! giebt es eine größere Liebe, als die ist, die um des Geliebten willen, sonderlich wenn derselbe die Liebe mit Haß vergilt, auf seine eigene Seligkeit verzichten will? Und diese Liebe hat St. Paulus zu den Juden gehabt. Da ist er uns Christen denn ein rechtes Exempel, uns, die wir meinen, wenn wir für die Mission unter den Heiden beten, geben, wirken und arbeiten, könne niemand von uns verlangen, auch noch für die Mission unter Israel thätig zu sein. Kann einer von Euch, will St. Paulus fragen, neben mich treten mit der Behauptung: So viel als du habe ich auch für die Evangelisierung der Heiden gethan, und doch ist mir noch Zeit und Kraft und Mut und Gut und Blut übrig geblieben, um auch den Juden den Herrn Jesum zu bringen? Diesem Exempel laßt uns nachfolgen!

St. Paulus geht aber noch viel weiter. Er sagt Röm. 1, 16: Das Evangelium ist eine Kraft Gottes, selig zu machen alle, die daran glauben, die Juden vornehmlich und auch die Griechen. Wenn Ihr über dieses Wort schon nachgedacht habt, müßt Ihr sagen: das verstehen wir nicht. Wir denken gewöhnlich: Jude und Evangelium haben nichts mit einander gemein, die sind von einander verschieden wie Tag und Nacht; das weiß ich wohl, daß ein Jude Geld will, und noch einmal Geld, und würde, wenn er könnte, uns Christen arm machen und an den Bettelstab bringen, ohne nur eine Thräne des Mitleids uns nachzuweinen, aber daß ein Jude etwas vom Evangelium will, ist mir eine ganz neue Sache. St. Paulus denkt ganz anders. Das Evangelium ist zuerst für die Juden da, Jude und Evangelium sind für einander gemacht, organisiert, das Herz Israels und das Herz des Evangeliums, daß ich so sage, passen ineinander, und erst dann kommen die Griechen, die Heiden, mögen es nun griechische oder römische oder deutsche oder chinesische Heiden sein, oder welch' einen berühmten oder unberühmten Namen sie führen.

Das waren aber bei St. Paulo nicht bloß Worte, sondern auch Thaten. Begleitet ihn einmal auf seiner ersten Missionsreise. Da ging er aus von Antiochien in Syrien und schiffte über die Insel Cypern hinüber nach Kleinasien zur Stadt Antiochien in Pisidien. Der erste Gang, den er hier macht, geht zu den Juden, in die Judenschule, in die Synagoge (Ap. 13, 14). Er weiß wohl, daß die Juden es sind, welche den Herrn Jesum gekreuzigt, die ihn verworfen und samt ihrem ganzen Volk sich von ihm losgesagt mit den Worten: Sein Blut komme über uns und unsere Kinder (Matth. 27, 25), und daß deshalb der Zorn Gottes auf ihnen lastet; aber gerade deshalb verkündigt er ihnen: Es giebt doch keinen andern Namen, durch den ihr könnt selig werden, als den Namen Jesus, Jesus ist euer Christ, euer Messias. Zwar redete hier St. Paulus, als das Evangelium nicht angenommen, sondern verstoßen wurde von den Juden, das merkwürdige Wort Vs. 46: Hinfort wenden wir uns zu den Heiden. Also, könnte man schließen, galt jenes Wort, daß das Evangelium vor allem für die Juden da sei, bis dahin, von nun an ist's nur für die Heiden da. Nein, Geliebte! begleitet St. Paulum von Weltteil zu Weltteil, von Land zu Land, von Stadt zu Stadt, von Ort zu Ort: überall, wo er hinkommt, bis nach Rom, wo er den Tod eines Blutzeugen Christi stirbt, geht sein erster Gang zu den Juden. Er sagt's uns durch Wort und That: Das Evangelium gehört zuerst den Juden.

Zu der Evangelisierung Israels ruft der Herr auch in unserer Zeit. Du bist ein Freund der Heidenmission, und mit Recht; denn dein Herr befiehlt dir's mit den Worten: „Prediget das Evangelium aller Kreatur!" aber vergiß nicht, daß die Juden auch zu dieser Kreatur gehören, der das Evangelium verkündet werden soll. Wie ferne sind die Heiden, wie nahe dagegen die Juden! Du siehst sie überall, wandelst und handelst mit ihnen auf deinen Gassen und Märkten, und so viel auch im Lauf der Jahrhunderte schon geschehen ist, um sie aus unsern Landen hinauszubringen, weisest du heute den Juden zur Vorderthüre hinaus, morgen kommt er zur Hinterthüre wieder herein; ja, der Herr Jesus sagt: Dies Geschlecht (Volk) wird nicht vergehen, bis daß ich wieder komme. Warum, meint Ihr, hat der Herr also die Juden unter die Christenvölker hineingestreut? Schon manchmal begegnete ich Leuten, die vom Markt nach Hause gingen, und bekam auf meine Frage: ist der Handel gut gegangen? die Antwort: nein, der Jude hat gefehlt! Da muß ich denken: Ach die Christen meinen, deswegen seien die Juden da, daß der Handel gut gehe, am Ende gar, daß die Christen von den Juden betrogen werden und umgekehrt! Nein, die Zerstreuung Israels unter die Christenvölker muß einen andern Grund und Zweck haben. Der Preußenkönig Friedrich der Große veranstaltete einmal ein großes Gastmahl an seinem Hofe. Zu den vielen geladenen Großen seines Reiches lud er auch seinen Hofprediger. Mit diesem hatte es eine eigene Bewandtnis. Der König war leider ein Freigeist, aber doch wollte er einen gläubigen Hofprediger haben. Denn er sagte sich: den Unglauben kann ich mir selbst predigen, dazu brauche ich keinen Pfarrer. So predigte ihm denn sein Hofprediger das Wort Gottes kräftiglich, deckte ihm auch seine Sünden auf und wies ihm den Weg zur Seligkeit. Der König ließ sich's gefallen, nur suchte er ihm manchmal Verlegenheiten zu bereiten. So saß bei diesem Gastmahl alles in der schönsten Unterhaltung bei einander, auf einmal hält der König inne und frägt bei allgemeiner Stille: Hofprediger, sag' Er mir einmal einen Beweis für die Wahrheit der Bibel! Alles ist bereit, über den Hofprediger mit Lachen herzufallen; der aber antwortet ohne Zögern: Majestät, die Juden! Und der König war's zufrieden. Ja, Geliebte! die Juden sind ein Beweis für die Wahrheit der Bibel. Denn jeder Jude, der dir begegnet, sagt dir eigentlich ein doppeltes: Sieh, Christ, ich gehöre dem Volk an, das der Herr aus allen Völkern zu seinem Volk erwählt, nun aber irre ich umher ruhelos von einem Volk und einem Land zum andern, und kein Ort kann mir Verbanntem eine Heimat gewähren. Dann sieh hinein in das alte Testament, besonders die fünf Bücher Mose, mit ihren Verheißungen und Drohungen, und schau, ob der HErr nicht alle Drohungen erfüllt hat, die er über sein Volk ausgesprochen, falls es nicht in seinen Geboten wandele. So wird es dir und deinem Volk, das ja nicht das auserwählte Volk Gottes ist, auch ergehen, wenn ihr nicht in den Wegen Gottes wandelt. Ja, hier liegt das geschriebene Wort Gottes, das Judenvolk ist, daß ich so sage, das wandelnde Wort Gottes. So wären die Juden deshalb unter uns Christenvölker hineingestreut, damit sie ein Exempel der göttlichen Strafgerechtigkeit für uns wären und eine beständige Mahnung an uns und unser Volk, nicht ebenso von den Geboten und Rechten des Herrn abzufallen? Ja wohl, aber dies kann nicht der einzige Zweck sein. Nein, hier gilt St. Pauli Wort, das er Röm. 11, 29. im Blick auf Israel spricht: Gottes Gaben und Berufung mögen ihn nicht gereuen, d. h. was er diesem Volk gegeben, das bleibt ihm, und was er ihm verheißen, das erfüllt er; denn Gottes Treue ist größer, als der Menschen Untreue. Es muß also noch einen andern Zweck haben, warum der Herr dieses Volk unter die Christenvölker hineingestreut, — welchen denn? Nun den, daß dieses Volk, das einst den Herrn Christum und sein Wort gehabt, aber durch seinen Unglauben verloren, beides wieder erhält durch den Dienst von uns Christen.

Dazu sind wir verpflichtet, es ist eine Pflicht und Schuld der Dankbarkeit, die wir abzutragen haben. Denn aus dem Judenvolk ging unser hochgelobter Heiland Jesus Christus hervor; Juden sind seine heiligen zwölf Apostel, samt den Propheten, welche den Grund der christlichen Kirche jetzt und in Ewigkeit bilden (Eph. 2, 20. Offenb. 21, 14.); ein Jude ist's, dem wir europäische Christen den Herrn Jesum verdanken. Seht ihr ihn, jenen rastlosen Mann, der Land um Land, Stadt um Stadt durchwandert mit dem Evangelium? Eben ist er am Ufer des mittelländischen Meeres nahe beim jetzigen Konstantinopel angekommen in der Absicht, ganz Asien womöglich mit dem Schall des Evangeliums zu erfüllen. Da tritt ihm ein Europäer unter den Weg und spricht: Komm hernieder in Mazedonien und hilf uns! (Ap. 16, 9.). Und was thut Paulus? Antwortete er etwa im Stolz eines Asiaten, eines Juden, was so Viele unter uns gegenüber den Juden und der Judenmission: Ihr seid die Bebrücker meines Volks, ihr kommt und raubt es aus, reizt es noch zum Aufstand, und dann werdet ihr ihm den Garaus machen: euretwegen rühr ich weder Hand noch Fuß? Nein, Geliebte, als er das Gesichte gesehen hatte, heißt es, da trachteten wir alsobald zu reisen in Mazedonien. Von Troas gings nach Thracien, von Thracien nach Mazedonien, von Mazedonien nach Griechenland, von da nach Rom, von Rom aber ist der Herr Jesus zu uns Deutschen gekommen. Ein Jude ist's, der uns das Evangelium gebracht; nun dieses Volk, durch dessen Dienst wir europäische Christen den Herrn Christum erhalten, ihn wieder verloren hat, ist's da nicht unsere Pflicht und Schuldigkeit, ihm denselben wieder zu bringen?

Es giebt auch manche unter uns, welche sagen: Die Juden können das Evangelium auf anderem Wege erhalten. Auf welchem denn? Etwa durch ihre Rabbiner? Unsere württembergische Mission unter Israel beschäftigt sich in ihrem Proselytenasyl* auch mit der Pflege von Proselyten, d. h. von solchen Juden, die wegen ihres Glaubens an Jesus, als den Christus, den Messias (Ap. 2, 36.) oft alles verlassen müssen. Denn der Fanatismus der Juden ist noch heute derselbe, wie ihn St. Paulus nach der Apostelgeschichte zu erfahren hatte. Einen Meschummed, d. i. Ausgerotteten, nennen die Juden denjenigen ihrer Volksgenossen, welcher sich taufen läßt. Vierzehn Tage sitzen seine Verwandten in Sack und Asche über ihn, und dann ist er für sie tot; wird sein Name einmal genannt, so geschieht es nicht, ohne daß grausige Flüche hinzugefügt werden: „Zermalmt mögen werden seine Gebeine, erlöschen sein Andenken!" Wehe aber den Kindern des Meschummed, welche in den Händen der Juden bleiben! Mit Fingern weisen alle anderen jüdischen Kinder auf sie, und, wo sie können, halten sie ihnen oft mit Schlägen und Ausspeien die Schande vor: „Dein Tate (Vater) ist ein Meschummed, du bist schlimmer als ein Mamser (Bastard)!" Franz Platkowski trat vor 15 Jahren vom Judentum zum Christentum über. Trotzdem also darüber schon Gras gewachsen war, so hatten es die Juden dem

---

* Die Adresse ist: Pfarrer Völter, Groß-Ingersheim.

Abtrünnigen doch nicht vergessen, und vor kurzem rächten sie sich an ihm in einer entsetzlichen Weise. In das Dorf Dlugossjelo, den Wohnort des betreffenden Proselyten, kommt nämlich eines Tages ein Verwandter von ihm und fordert ihn auf, zusammen mit ihm in das naheliegende Dorf Brok zu fahren, angeblich, um eine Erbschaft anzutreten. Platkowski, nichts Böses ahnend, begiebt sich mit dem Verwandten nach Brok. Unterwegs in einem Walde überfallen ihn plötzlich zwei seiner Brüder und sein Oheim, nehmen ihn fest, werfen ihn in seinem Wagen auf den Boden und setzen ihm die Kniee auf die Brust. Dem Unglücklichen wird mit Gewalt der Mund aufgerissen und in den Hals Schwefelsäure gegossen! Mit derselben Flüssigkeit ward ihm darauf das Gesicht und die Ohren übergossen, und der Ohnmächtige, den die sauberen Brüder für tot hielten, auf die Straße geworfen. Als die Verbrecher fortgefahren waren, kommt der Mißhandelte zu sich und hat noch die Kraft, sich bis zur nächsten Pfütze zu schleppen und das entsetzlich verbrannte Gesicht von Zeit zu Zeit ins Wasser zu tauchen, um seine wahnsinnigen Schmerzen zu lindern. So fanden ihn erst am andern Morgen einige Bauern und brachten ihn nach dem nächstliegenden Orte Ostrow, wo er sofort in das Militärhospital der 4. Artilleriebrigade untergebracht wurde. Gegenwärtig hat das Gesicht des Unglücklichen — Dank der ärztlichen Pflege — wieder menschliches Aussehen erlangt, das rechte Ohr aber und seine beiden Augen hat Platkowski für immer verloren!" So stehen sie, diese Proselyten, von den Ihrigen ausgestoßen, haben das Wort Jesu gelesen: Wer verläßt Vater oder Mutter, oder Weib oder Kind, oder Haus oder Hof, dem will ich's wieder geben. Da fragen sie: hat der Herr, welcher das spricht, heute noch solche Nachfolger, welche uns armen Verstoßenen die Heimat, die wir um seinetwillen dran gegeben, wieder zu ersetzen suchen? So sind sie zu uns gekommen, und wir haben sie im Vertrauen auf den Herrn und die Hilfe der Christen Württembergs aufgenommen. Einer derselben nun, ein Jüngling von 21 Jahren, Sohn von jüdischen Eltern, der arm geworden um Christi willen, frug mich vor einiger Zeit: Was meinen Sie, was ich früher von unsern Rabbinern über den Herrn Jesum gehört habe? Das ist der von unsern Vätern wegen seiner Sünden Verfluchte, das ist der Gehenkte. Geliebte! Ist das ein Evangelium, durch das eine Judenseele selig werden kann? Nein, sollen die Juden selig werden, und das sollen sie, so können sie's nur durch das Evangelium; sollen sie aber das Evangelium bekommen — und das sollen sie — so können sie's nur durch den Dienst von uns Christen.

Andere meinen, es nütze das nichts. Ich habe noch nie einen Christen aus den Juden gesehen, kann man manchmal hören. Und doch sind allein in diesem Jahrhundert schon mehr als 60 000 Juden durch die heilige Taufe in die christliche Kirche aufgenommen worden, jedes Jahr werden etwa 1000 Juden getauft, die Zahl aber aller Judenchristen der Gegenwart beträgt etwa 200 000. Das läßt sich doch auch hören, nicht wahr? Unter den vielen, die der Gott Abrahams auf wunderbarem Wege zu seinem Sohn Jesu Christo geführt, sei das Beispiel des Rabbi Gurland, früheren Oberrabbiners der großen 50 000 Seelen zählenden Judengemeinde zu Kischinew erzählt. Eines Tags kam er zu Divisionsprediger Faltin, dem Pastor der kleinen ev.-luth. Gemeinde, welche teilweise aus Württembergern besteht, und wünschte von diesem Gelegenheit zu erhalten, sich durch Privatstunden im Zeichnen und Schönschreiben etwas zu erwerben. Nach einigen Tagen antwortete Pastor Faltin, seine Bemühungen hätten wenig Erfolg gehabt, bat aber den Rabbi, er möchte ihm hebräischen Unterricht erteilen, damit er das alte Testament geläufig lesen lerne. Darauf ging der Rabbi ein, jedoch unter der Bedingung, daß der Pastor nie über den Messias reden dürfe. Um so mehr betete Pastor Faltin. So lasen sie das alte Testament durch und waren zum zweitenmal an Jes. 53. Nachdem sie es gelesen, sagte der Rabbi: „Wollen wir es nicht noch einmal lesen?" dies geschah. Mit ernster, nachdenklicher Stimmung verließ der Rabbi das Haus des Pastors; dieser warf sich, sobald er sich allein sah, auf seine Kniee vor dem Herrn nieder und dankte seinem Gotte, daß Er sein Gebet schon so weit erhört habe, und flehte heiß und inbrünstig zu Ihm, daß Er das angefangene Werk vollenden wolle. Er konnte in seinen Gedanken den Rabbi nicht mehr los werden, bis derselbe wieder kam, um weiter zu lesen in der Heiligen Schrift. Wie erstaunte der Pastor, als der Rabbi wiederum sagte: „Wollen wir nicht noch einmal Jes. 53. lesen?" Nachdem sie es gelesen hatten, sagte der Jude mit tiefbewegter Stimme: „Ich weiß nicht, was das ist. Ich finde jetzt so manches in der Bibel, was ich früher nicht gefunden habe, obgleich ich das ganze Alte Testament auswendig lernte. Da paßt ja Alles auf Euern Jesus, daß ich glauben muß, daß Er der verheißene Messias sei!" Jetzt, dachte der Pastor, jetzt ist es Zeit, und fing an alle die Stellen aus den Propheten und Psalmen aufzuschlagen, die so klar von Christo, dem Messias zeugen. Von da an lasen sie die Bibel nicht mehr der Reihe nach, sondern suchten nur die Stellen auf, die von Christo zeugen. Da sagte der Jude eines Tages: „Ich kann nicht mehr anders, ich muß jetzt auch glauben, daß Christus der Sohn Gottes sei. Ich kann nur nicht begreifen, wie ich früher die Bibel so oft lesen konnte, ohne daß ich das erkannte, wie ich's jetzt erkenne. Daß ich die Bibel fleißig studiert habe, kann ich Ihnen beweisen. Nehmen Sie meine Bibel und schlagen Sie dieselbe auf und sagen Sie mir von den fünf ersten Zeilen jeder Seite das erste Wort, und ich will Ihnen dann sagen, welche Stelle es ist." Der Pastor machte mehrere Versuche, und jedesmal konnte der Rabbi nicht nur sagen, welches Buch, welches Kapitel und welcher Vers es sei, sondern er konnte auch sofort die ganze Seite auswendig hersagen; dasselbe vermochte er auch zu thun, wenn ihm der Pastor das erste Wort der je fünften Zeile sagte. Als der Pastor seine Verwunderung darüber aussprach, sagte der Rabbi: „Ich habe das nicht gethan, um zu zeigen, was ich gelernt habe, ich wollte nur damit sagen, daß ich das Wort Gottes fleißig studiert habe. Trotzdem kommt es mir vor, als ob ich das, was ich jetzt lese, noch nie gelesen hätte. Ich weiß nicht, warum ich es früher nicht verstanden habe." So kam er zum Glauben, bald auch zur Taufe, und jetzt steht er nach vielen Verfolgungen als Oberpastor an der evang.-luth. Gemeinde zu Mitau.

Geliebte! Unsere vaterländische Mission unter Israel hat das Netz auswerfen dürfen unter Israel, und nicht ohne Segen des HErrn. Aber da ist's uns ergangen, wie einst Petro. Zuerst wollte er nicht auswerfen, da es doch nichts nützen werde. Als er aber auf das Wort des HErrn im Gehorsam das Netz auswirft, da fängt er so viel, daß er's nicht allein ziehen kann, und deshalb seinen Gesellen winkt, ihm zu helfen. So ist's uns auch zu schwer geworden, allein das Netz zu ziehen. Darum winken wir Euch und bitten: Wollt Ihr nicht unsere Gesellen und Mitarbeiter an diesem Werke werden? Mission unter Israel ist ein Gotteswerk; ein Gotteswerk hat aber auch seinen Gotteslohn. Gott mache euch zu Mitarbeitern an diesem seinem und unserem Werk, er wird euch auch seinen Lohn geben. Amen.

Röm. 11, 33.

Wenn ich in dieser Stunde zu euch, Geliebte in dem Herrn! von den Juden und der Mission unter Israel rede, so weiß ich, daß das eine schwere Sache ist. Sind doch die Juden in Stadt und Land verhaßt, herrscht doch überall eine Erbitterung gegen sie, und was ich über ihre Geldgier, ihren Wucher, ihre Hartherzigkeit gegen Christen, die sie kalt aus Haus und Hof jagen, und anderes mehr auf meinen Missionsreisen hören muß, das ist doch himmelschreiend. Aber abgesehen davon, daß es gerade deshalb um so nötiger ist, unter diesen Juden zu missionieren, weist uns St. Paulus im Römerbrief auf dieses Volk hin. In seinem größten Briefe, da er den Bau der christlichen Glaubenslehre darlegt, da er unser evangelisches Kleinod, die Rechtfertigung des Sünders aus Gnaden durch den Glauben allein, behandelt, spricht er in nicht weniger als 3 Kapiteln von der Vergangenheit, Gegenwart und Zukunft dieses merkwürdigen Volkes, und zeigt den Heidenchristen, wie thöricht ihre Meinung sei, als ob Israel im neuen Bunde nichts besonderes mehr zu bedeuten hätte, am Ende aber dieser Entwickelung bricht er beim Rückblick auf die wunderbaren Führungen Gottes mit Israel in die Worte unseres Textes aus: O welch eine Tiefe des Reichtums, beides der Weisheit und Erkenntnis Gottes! Wie gar unbegreiflich sind Seine Gerichte, und unerforschlich Seine Wege!

Welches sind denn diese unerforschlichen Wege des Herrn mit Israel? Sieh sie dir an! Als Gott der Herr sah, daß die Menschen nicht in's Reich Gottes eingehen, sondern die Völker ihre eigenen Wege gehen wollten, da beschloß Er, ein Volk zu erwählen als Sein Volk, als das Volk des Eigentums, um durch dieses Volk als Mittler alle Geschlechter der Erde zu segnen. Er suchte und suchte, welches er erwählen sollte. Er besah sich jene großen, berühmten Völker des Altertums, welche sogar noch in ihren Trümmern groß und herrlich vor uns dastehen, nämlich die Assyrer, Babylonier, Meder, Perser, Griechen und Römer, ob sich eins von diesen dazu hergeben wollte, daß Er Seine Wohnung in ihm nehme und Sein Wort in ihm und durch dasselbe treibe; aber sie hatten alle sich selber und die Herrlichkeit der Welt lieber, als daß sie sich ihrem Gott ergeben hätten. Er schaute sich ebenso die kleineren Völker an, die Kanaaniter, Amalekiter, Philister, Moabiter und andere: aber auch diese wollten lieber dem Fleisch und seinen Gelüsten dienen, als daß sie sich in die Gnadenwege Gottes begeben hätten. Geliebte! Auf der ganzen Erde war's niemand, als allein Abraham, Isaak und Jakob, war's kein anderes Volk, als Israel, das den Ruf des Herrn hörte, das die Wahl Gottes annahm, welches das Bundesvolk zu werden sich entschloß, welches, wenn auch mit hartem Streben und oft mit Widerstreben sich unter die Zucht Gottes beugte, das kleinste, geringste, unscheinbarste Volk mitten drinnen unter den großen Völkern und Reichen dieser Welt. Was haben denn die Juden für Vorteil? fragt deshalb St. Paulus Röm. 3, 1 ff. Zwar fast viel, antwortet er; zum ersten: ihnen ist vertraut, was Gott geredet hat. Denen von Israel gehört die Kindschaft und die Herrlichkeit und der Bund und das Gesetz und der Gottesdienst und die Verheißung Röm. 9, 4. Den Juden ward vertraut, was Gott geredet hat; sie empfingen die ganze Offenbarungsherrlichkeit Jehovahs, des lebendigen Gottes, von den Tagen Abrahams an bis auf Maleachi; sie waren das erwählte Volk der Kindschaft, dem das Gotteswort galt: Aus Aegypten habe ich meinen Sohn gerufen Hof. 11, 1. und das andere: Ist nicht Ephraim mein teurer Sohn, mein trautes Kind? Jer. 71, 20. Väter der Juden waren die Patriarchen, mit denen Gott einen Bund machte, daß sie sollten zum Segen werden für alle Geschlechter der Erde. Zu ihnen gehörte Moses, der Knecht Gottes, der Mittler des Alten Testaments, der da empfing das lebendige Wort uns zu geben Ap. 7, 38. Das Gesetz vom Sinai war auch eine heilsame Gabe, ein Erweis der Liebe Gottes gegen Israel, denn es machte dem Menschen kund, was er zu thun und zu lassen habe, um dem Heiligen in der Höhe zu gefallen. Die Heiden ließ Gott ihre eigenen Wege gehen Ap. 14, 16.; an ihnen erfüllt sich das Wort: Da sie sich für weise hielten, sind sie zu Narren geworden Röm. 1, 22. Und wenn zu dieser unserer Zeit in den Christenländern beide groß und klein den Unterschied wissen, was rechts und links Jon. 4, 11., was gut und böse ist, wenn bei uns Recht und Gerechtigkeit geübt, Zucht und Ordnung gehandhabt wird, verdanken wir das nicht auch dem Umstand, daß die von Israel überkommene Gesetzestafel mit den heiligen zehn Geboten Gottes als ein Hauptstück des Katechismus beim Jugendunterricht gelehrt, und als die Grundlage aller Sittenlehre im Haus und in der Schule, im Staat und in der Kirche hochgehalten wird? Dazu kommt Israels Gottesdienst mit seinen Opfern, seinen Gebeten und Liedern, mit seiner Weissagung und Verheißung. Gewiß, in vieler Hinsicht war derselbe ein unvollkommener, nur ein vorbildlicher, eine Abschattung des Zukünftigen; aber gerade darin lag seine Bedeutung für den Heilsplan Gottes: er brachte die notwendige Erziehung auf Christum hin, für dessen wunderbare Erscheinung im Fleisch das Menschengeschlecht erst vorbereitet werden mußte. Von diesem zukünftigen Heiland zeugten ja all die Passahlämmer, welche geschlachtet wurden, auf ihn wiesen all die Brandopfer und Sündopfer; ihn verkündigten insbesondere jene Worte, die uns als Verheißungen von Kind auf bekannt sind, anhebend mit dem geheimnisvollen Erstlingsevangelium von dem Schlangentreter, immer herrlicher aufsteigend bis zu der großen Predigt des Jesaias von dem Gekreuzigten. Darum konnte dieser Prophet über Israel ausrufen: Finsternis bedecket das Erdreich und Dunkel die Völker; aber über dir gehet auf der Herr, und seine Herrlichkeit erscheinet über Dir Jes. 60, 2. Und wiederum als die Zeit erfüllet war, daß Gott seinen Sohn in die Welt sandte, konnte er kein anderes Volk finden, das Ihn als Glied aufnahm, als Israel, und keine andere Jungfrau, welche Seine Mutter, die Mutter Gottes werden wollte, als einzig diese jüdische Jungfrau — aus Davids Stamme. Ja, da der Herr Jesus das Evangelium auch den Heidenvölkern zu gute kommen lassen wollte, waren es wieder Juden, jene Zwölfe und ihnen nach noch viele andere, welche bereit waren, als Boten Christi alles auf sich zu nehmen, nur um nach dem Befehl Christi den Völkern zu dienen. Geliebte, was für ein Volk das!

Aber, fragst du, was geht das uns an? Die christliche Kirche ist ein Haus, und zwar das Haus Gottes. Gott ist selbst der Baumeister dieses Hauses. Und siehe, wie fest Er es gebaut hat! Vor allem hat er den Grund Seines Hauses gelegt. Nicht bloß ein Jahr oder einige Jahre baute er an demselben, nicht bloß Jahrhunderte, nein Jahrtausende. Diesen Grund aber bilden die Propheten einerseits, die Apostel andererseits, und zusammengehalten werden diese Grundsteine durch den einen Eckstein Jesum Christum. Darauf ruht die christliche Gemeinde aller Zeiten und aller Völker Eph. 2, 20 ff. Männer aus Israel waren all die heiligen Menschen Gottes, die geredet haben, getrieben vom heiligen Geist 2. Petr. 1, 21., deren Schriften uns bis auf diese Stunde, als von Gott eingegeben, nütze sind zur Lehre, zur Strafe, zur Besserung, zur Züchtigung in der Gerechtigkeit. 2. Tim. 3, 16. Sieh' sie dir doch an diese Gottesmänner aus Israel mit ihrem Gottes-Zeugnis, auf welchen auch du mit erbaut wirst: jene Patriarchen alle von Adam bis Abraham, Isaak und Jakob, jenen Mose, den hehren Propheten, bis zu jenem Sänger mit der Harfe auf des Königs Stuhl, und die folgenden heiligen Propheten all' bis zum letzten größten, der seinem Herrn den Weg bereitete. Hast du dich noch nie erquickt an ihrem herrlichen Zeugnis? Hast du noch nie gebetet mit dem Beter des Betbüchleins aller Heiligen, des Psalterbuchs, der Psalmen, welche, nach dem Wort Lord Byrons, hoch sind wie der Himmel und tiefer als der Ozean? Hast du noch nie dich mit ihm in den Bußpsalmen in Staub und Asche gebeugt, oder mit ihm gelobt und gejubelt im höheren Chor! Und wie oft ist dir das Zeugnis jener apostolischen Männer schon zu Herzen gegangen, — St. Paulus hat dich mit seinem Glauben, St. Johannes mit seiner Liebe, St. Petrus mit seiner Hoffnung erfüllt! Ja, du durftest erfahren, daß das Evangelium aus dem Munde dieser Gottesmänner aus Israel eine Gotteskraft ist, selig zu machen alle, die daran glauben, aber — merke dir das! — vornehmlich die Juden, die Juden haben das erste Recht darauf, wir sind nur eingepfropft in den Oelbaum. Das Heil kommt von den Juden, sagt der Herr Joh. 4, 22. Dies ist eine geschichtliche Thatsache. Von den Juden kam der Heiland. Oder laßt mich euch führen in die triumphierende Kirche Christi. Da seht ihr das himmlische Jerusalem, die heilige Stadt, mit 12 Thoren, und auf den Thoren 12 Engel, und Namen geschrieben, welche sind die 12 Geschlechter der Kinder Israel, von Morgen 3 Thore, von Mitternacht 3 Thore, von Mittag 3 Thore, von Abend 3 Thore.

Und die Mauer der Stadt hat 12 Gründe, und in denselben die Namen der 12 Apostel des Lammes. Offenb. Joh. 21, 10 ff. Und kennt ihr jene 144,000 vor dem Thron des Lammes, die versiegelt sind von allen Geschlechtern der Kinder Israel? Off. 7, 4. Ja da die Patriarchen wohnen, die Propheten allzumal, wo auf ihren Ehrenthronen sitzet die gezwölfte Zahl, wo in so viel tausend Jahren alle Frommen hingefahren, da wir unserm Gott zu Ehrn ewig Hallelujah hörn. Wo ihr hinblicket, vorwärts oder rückwärts, überall diese Männer aus Israel, diese Juden, deren Anblick manchen so anwidert, ihnen habt ihr euer Heil zu verdanken, auf ihnen ruhet ihr, und noch in der Ewigkeit werdet ihr euch freuen, wenn ihr diese freilich verklärten Judengesichter sehen und mit Abraham, Isaak und Jakob zu Tische sitzen dürft. Was haben wir doch alles diesem Volke zu verdanken! Wahrlich, nun verstehen wir, warum St. Paulus ausruft: Wie gar unerforschlich sind Seine Wege!

Doch laßt uns das andere nicht vergessen: Wie gar unbegreiflich sind Seine Gerichte! Israel ist gefallen. Schon im alten Bunde lehnte es sich oft auf gegen seinen Herrn, wurde deshalb gestraft und gerichtet, aber stets wieder zu Gnaden angenommen. Nun es aber die schreckliche Sünde gethan, den Sohn des Allerhöchsten gekreuzigt, sich von seinem Messias losgesagt, und das Blut des Herrn Jesus Christus auf sich herabgerufen, liegt es unter schwerem Gottesgericht. Die Stadt Gottes wird zertreten von den Heiden, der Tempel des Herrn ist zerstört, das Volk in die Gefangenschaft geführt, und als der ewige Jude muß es wandern von Weltteil zu Weltteil, von Land zu Land, vom Land in die Stadt und von der Stadt aufs Land, und findet doch nirgends Ruhe, doch nirgends eine Heimat. Weil es die höchsten Güter verworfen, wurden ihm hingeworfen gleich den Säuen die Träber dieser Welt, nämlich das Gold, und darin wühlt und wühlt es, und doch, je mehr es erhält, desto unglücklicher ist es.

Als unser Herr Jesus Christus, so lautet die Sage, von den Juden vor den Landpfleger Pontius Pilatus in seinen Palast geführt wurde, und jene ihn hart verklagten und mit heftigem Geschrei von dem Richter forderten: „Kreuzige, kreuzige ihn!" da stand unter dem wütenden Haufen auch ein Mann, namens Ahasverus, von Jerusalem gebürtig, seines Handwerks ein Schuhmacher, welcher gleich den übrigen verstockten Juden Jesum für einen Ketzer und Verführer des Volkes hielt und an seinem Teile aus allem Eifer dazu mithalf, daß dieser Mensch möchte vertilget und stracks hinweggeräumt werden. Er harrete auch auf dem Platze aus, bis Pilatus aus Furcht vor der tobenden Menge den Messias Israels hingab in des Todes Verdammnis und nach dem Richtplatze abführen ließ. Da es nun soweit gediehen, ging Ahasverus eilends heim, weil er wußte, daß Jesus alsbald an seinem Hause vorüber kommen müßte, und er vermeldete seinem Hausgesinde, wie die Sache stände, damit sie auf die Straße treten und Jesum augenscheinlich sehen möchten. Er selbst nahm sein kleines Kind auf den Arm und trat gleichfalls vor seine Thüre, den Zug mit anzusehen und dem Kinde zu deuten. Indem wurde Christus unter dem Kreuze daher geführt. Die Last lag schwer auf seinen Schultern, der Schweiß rann in großen Perlen von seinem Angesicht, er konnte vor Ermattung nicht förder, und just, als er an des Schusters Hause war, stand er stille und lehnte sich an die Wand, ein wenig auszuruhen. Ahasverus aber, kaum als er solches gewahrte, sprang im Zorn herzu, wollte auch seinen Eifer als rechtgläubiger Jude vor dem Volke sehen lassen, hob die Hand empor und rief: „Mach dich fort, Jesus, dahin du gehörest! Du sollst hier nicht ruhen!" Da nahm Jesus sein Kreuz auf sich, sah dem Juden ernsthaft ins Gesicht und sprach: „Wohl gehe ich zur Ruhe; du aber sollst wandern, bis ich wieder komme!" Alsbald fuhr ein ruheloser Geist in ihn, daß er nicht warten, noch bleiben konnte, wo er war, setzte sein Kind nieder und lief Jesu nach die Schmerzensstraße entlang vor das Thor nach Golgatha hinauf und sah Alles, was mit Jesu vorging, bis er sein Haupt neigte und verschied und zu seiner Ruhe einging. Nach Vollendung dessen, da alles übrige Volk nach Hause ging, ließ ihm etwas nicht zu, gleich umzukehren; nein, das däuchte ihm stracks unmöglich zu sein, hinabzugehen gen Jerusalem in sein Heimwesen, sondern wie Kain jagte es ihn vorwärts in die Weite, hat seitdem Weib und Kind niemals wiedergesehen, sondern fremde Länder, eins nach dem andern wie ein betrübter Pilgrim durchzogen. Erst nach vierzig Jahren, da er schon ein grauer Mann geworden, kam er vom Umherschweifen durch die Lande hernieder gen Jerusalem und sahe mit Augen alles zerstöret und jämmerlich zerschleißet, kein Stein auf dem andern, und wußte nichts zu erkennen, was zuvor allda war Köstliches vorhanden gewesen.

Darnach trieb es ihn wieder hinaus auf die Wanderung, wiewohl er dieses elendigen Lebens ohne Ruhe und Rast von Herzen müde war und sehnlich nach seinem Tode seufzete, auch sich desselben getröstete, nachdem er das Alter der ältesten Greise überschritten hatte und seine Lebenskräfte versiegen fühlte. Aber als er das hundertste Jahr vollendet hatte, ward er von tötlicher Schwäche ergriffen, und fiel in Ohnmacht als ein Sterbender; aber darnach ward er wieder gesund und lebte von neuem auf und kam wieder in das Alter, in welchem er zur Zeit des Leidens

Christi gestanden hatte; er war aber damals ungefähr dreißig Jahre gewesen. Und solches wiederholte sich jedesmal, so oft er abermals das hundertste Jahr erreicht hat; denn er lebt auch noch heute und wandert noch immerdar. Es giebt kaum ein Land der Erde, da man ihn nicht zu unterschiedlichen Zeiten gesehen hätte. In Deutschland zuerst im Jahre 1505 zu Königinhof in Böhmen, wo er dem Leineweber Koxot erschien. Darnach zu Hamburg im Jahre 1547, wovon Herr Chrysostomus Dudulåus Westphalus umständlich Bericht erstattet hat. Dann zu Danzig, 1575 zu Madrid, 1599 zu Wien, 1601 zu Lübeck und Reval, dann zu Krakau und Moskau, 1604 in Paris und 1640 in Brüssel. Zwei Bürger, welche in genannter Stadt in der Gerberstraße wohnten, begegneten im Sonierwalde einem alten greisen Manne, dessen Kleider ein gar schlechtes Ansehen hatten, auch zudem noch nach altem Schnitt gemacht waren. Sie luden ihn ein, mit ihnen in die Herberge zu gehen, nnd das that er auch, aber er setzte sich nicht nieder, sondern aß und trank nur stehenden Fußes. Als er wieder mit den beiden Bürgern vor die Thüre kam, da erzählte er ihnen gar viel, und das waren meist Geschichten, die sich vor vielen hundert Jahren zugetragen hatten. Vornehmlich hat er von den heiligen Aposteln Christi, wie ein Jeder gelebt und zuletzt gelitten und sein Ende genommen, ordentlich erzählet, auch vom Kaiser Nero und wie es bei dem Brande von Rom hergegangen, desgleichen von Muhamed und den Kriegen um das heilige Grab, was die Leute von Ansehen Tamerlan, Bajazeth und andere gewesen, und was für Regierungsveränderungen und Recht seit Christi Zeiten stattgefunden, solches erzählte er alles so genau und getreulich, als ob er es mit eigenen Augen angeschaut hätte. Daraus erkannten die Bürger, daß ihr Gefährte der ewige Jude sein müsse, und verließen ihn mit großem Schrecken. Lange zuvor ist er auf dem Matterberge in der Schweiz gewesen, nur stand damals eine Stadt daselbst. Als er aus dem Thore ging, sprach er zu den Bürgern der Stadt: „Wenn ich wieder komme, werden hier, wo jetzt Häuser und Gassen sind, nur Bäume wachsen und Steine liegen, und wenn mich zum drittenmal der Weg daher führt, wird nichts da sein als Schnee und Eis!" — Jetzt ist der Matterberg ein hoher Gletscher des Walliser Landes, auf welchem die Visper entspringt, und nichts mehr da zu sehen, als Schnee und Eis.

Der ewige Jude wird beschrieben als ein alter Mann von langer Gestalt mit langen über die Schultern hängenden Haaren, bekleidet mit einem umgürteten Leibrock und barfuß. Er hält sich still und eingezogen, redet nicht mehr, wie man ihn fragt. Wenn er zu Gast geladen wird, isset und trinket er nur mäßiglich, eilet bald wieder fort und bleibt nicht lange auf einer Stätte. Gottes Wort hört er mit großer Andacht und Ehrerbietung, wie man ihn denn oft in Kirchen der Kanzel gegenüber gesehen, und wahrgenommen hat, wenn er bei Nennung des Namens Jesu Christi sich zum höchsten und demütigsten geneiget, an seine Brust inniglich geschlagen und tief geseufzet hat. Und so er jemand auf der Straße, in der Herberge oder sonstwo bei des Erlösers Worten fluchen gehört, hat er sich darüber heftig erbittert und mit nicht geringem Eifer und Seufzer gesagt: „O, du elender Mensch! o, du elende Kreatur! solltest du den Namen deines Herrn und Gottes und seiner bittern Marter und Leiden so liederlich mißbrauchen? Hättest du, wie ich's gesehen, selbst angeschauet, wie schwer und sauer dem Herrn seine Wunden meiner und deiner selbst wegen geworden, du würdest dir eher selbst großes Leid anthun lassen, denn daß du umsonst seinen Namen also verunehren solltest." Wo man ihm Geld angeboten, hat er wenig, nicht viel über zwei Schillinge angenommen, davon er doch alsbald wiederum den Armen umher ausgeteilet hat mit Anzeigung, er bedürfe keines Geldes, Gott werde ihn wohl versorgen. In welches Land er gekommen, desselben Sprache hat er auch gebraucht und also wohl geredet, wie wenn er von Kindheit her sich ihrer bedient hätte. Alle, die ihn hörten, haben sich nicht genug verwundern können über seinen genauen Bericht von allem, was sich zu der Zeit zugetragen. Wer ihn aber um sein eigenes Schicksal befragt hat, dem hat er geantwortet: „Was Gott mit ihm vorhabe, daß er in diesem elenden Leben so ohne Ende herumwandern müsse, könne er nicht anders gedenken, als Gott wolle an ihm vielleicht bis an den jüngsten Tag wider die Juden einen lebendigen Zeugen haben, dadurch die Ungläubigen und Gottlosen des Werkes Christi erinnert und zur Buße bekehret werden sollen; wie er denn auch seinesteils hoffe, daß der Herr ihn zu Gnaden annehmen werde, denn er habe ihn selbst am Kreuze beten hören: „Vater, vergieb ihnen, denn sie wissen nicht, was sie thun!"

Siehe da ein Abbild des jüdischen Volkes. Du glaubst es wohl nicht; aber hätte dich nur ein einziger Jude hineinsehen lassen in sein leeres, ödes Herz, das ruhelos und friedlos schlägt, du würdest eher verstehen das Wort jenes großen jüdischen Rabbi: Ich habe gewünschet, verbannt zu sein von Christo für meine Brüder, die meine Gefreunde sind nach dem Fleisch Röm. 9, 3., und deine Bitte mit der Bitte des Größten aus Israel vereinigen: Vater, vergieb ihnen, denn sie wissen nicht, was sie thun. Luc. 23, 34. Doch das führt uns auf den dritten Punkt:

Hat nun Gott Sein Volk verstoßen? Das sei ferne! Röm. 11, 1. Denn Gottes Gaben und Berufung mögen Ihn nicht gereuen V. 29. Blindheit ist Israel einesteils widerfahren, so lange bis die Fülle der Heiden eingegangen sei, und also das ganze Israel selig werde. V. 25. ff. Dieweil wir aber diese

Hoffnung haben, lasset uns Heidenchristen dies Exempel und die Ermahnung St. Pauli befolgen. Du, da du ein wilder Oelbaum warst, bist wider die Natur in den guten Oelbaum eingepfropft, während etliche von den natürlichen Zweigen ausgebrochen sind, aber wieder eingepfropft werden sollen in ihren eigenen Oelbaum, so rühme dich nicht wider die Zweige, sei nicht stolz, sondern fürchte dich V. 17. 18. 20. 24. Laß, du Heidenchrist, dich reizen durch St. Pauli, des Heidenapostels, Beispiel, ob du möchtest die, so sein Fleisch sind, zu eifern reizen, und ihrer etliche selig machen. V. 13. 14. Schon der Dank gegen dieses Volk, dem wir das Evangelium verdanken, der Dank gegen dieses Volk, dessen edles Glied gerade uns Europäern den Herrn Jesum gebracht Apostelgesch. 16, 9. ff., schon dieser Dank soll uns treiben, diesem armen Volke seinen Messias, den es verloren, wieder zu bringen. Glaubet nicht, daß diese Arbeit der Mission unter Israel vergeblich ist. Ja, Gott hat sein Volk nicht verstoßen. Es war im Herbst, so erzählt ein früherer jüdischer Rabbi, der nun auch unter seinen Volksgenossen das Evangelium von Jesus dem Christ ausstreut, als ich bei Nacht zu einem Kranken gerufen wurde. Das Haus war mir nicht unbekannt. Schon oft hatte ich dort gesessen und mit dem Hausherrn mich unterhalten. Es war mein alter jüdischer Hausarzt, einst mein bester Freund, als ich noch Rabbiner war, und nun mein eifrigster Gegner. So oft wir einander sahen, waren wir unwillkürlich, ehe wir's uns versahen, in ernste religiöse Gespräche verwickelt. Doch schienen dieselben wenig Erfolg zu haben, denn er blieb nach wie vor „ein tugendhafter Mensch." Er war wegen seiner Tüchtigkeit und Liebenswürdigkeit von Vielen geehrt und geliebt. Die Leute sagten es ihm immer, wie sehr gut er sei, und er glaubte es auch selbst. Nun hatte er einen Neffen, den er sehr liebte und der sein Erbe werden sollte, da er selbst unverheiratet war. Dieser Primaner des Gymnasiums war eines Tages in unserer evangelischen Kirche, als ich gerade bei Gelegenheit einer Schulfeier über die Worte des Herrn Jesu predigte: „Wahrlich, wahrlich, ich sage Euch, so Ihr nicht umkehret und werdet wie die Kindlein, so werdet Ihr nicht in das Reich Gottes kommen." Ich handelte von der Frage, die alle Menschen beschäftigt: Was soll aus mir werden? welche Eltern ihren Kindern vorlegen: was willst Du werden? — Jeder will etwas werden, und die Welt giebt dem Menschen ein, etwas recht Großes zu werden. Der Herr Jesus aber lehrt uns zu fragen: Was soll ich thun, daß ich selig werde, und daß wir, um selig zu werden, zuvor klein werden müssen. Die Welt zieht groß, der Herr zieht klein. Wir müssen durch die Selbsterkenntnis ganz arm und elend in uns werden, dann kann uns der Herr helfen und aus uns Etwas machen, daß wir zum Lobe seiner herrlichen

Gnade Etwas werden. Darüber sprach ich, ohne zu ahnen, wie tief es jenem Neffen meines Hausarztes und seinem jungen Freunde, der mit ihm in der Kirche saß, zu Herzen ginge.

Als die beiden jungen Israeliten aus der Kirche sich entfernten, nahmen sie bewegt von einander Abschied. Der Neffe begab sich zu seinem Oheim, dem Arzte; dieser fragte ihn zufällig einmal wieder, wie so oft schon: Nun, was willst du denn werden? Der Jüngling, ganz mit der gehörten Predigt beschäftigt, erwidert ernst und bestimmt: Lieber Oheim, ich will ein Christ werden! — Groß war die Verlegenheit und der Aerger des Oheims, er konnte sich diese Antwort nicht erklären; er dachte, ich hätte durch besondere Unterredungen auf seinen Neffen eingewirkt, was doch gar nicht der Fall gewesen war. Er fragte weiter: Und warum willst du ein Christ werden? und erhielt von dem Neffen die schlichte und entschiedene Antwort: „Ich will vor allem selig werden, darum will ich ein Christ werden!" Er erzählte dem Oheim, was er aus der gehörten Predigt behalten. Dieser ließ mich kommen und stellte mich zur Rede. Ich war nicht wenig erstaunt über die Wirkung meines armen Wortes, zu dem sich der Herr bekannt hatte. Ich stellte dem Arzte vor, daß er das Werk des Herrn an der Seele seines Neffen nicht hindern könne noch dürfe, wenn er nicht große Schuld auf sich laden wolle, und daß die Folgezeit lehren werde, ob es mit dem Verlangen des Neffen ganzer Ernst sei. — Das war es aber in der That, der Jüngling kam regelmäßig in mein Haus, wo ich ihn mit wahrer Freude samt seinem Freunde, dem andern Gymnasiasten, längere Zeit im Evangelium unterrichtete. Der Arzt sah bald die Früchte des Evangeliums an dem Wandel seines Neffen, und wie viel er anfangs auch dagegen hatte, mußte er doch bald einsehen, daß jener nur dem inneren Zuge seines Herzens und Gewissens folgte, indem er Christi Eigentum werden wollte, und daß sein Entschluß ganz feststand, den Herrn vor der Welt zu bekennen. Da meinte der Arzt, als gebildeter Mann der Ueberzeugung des Neffen nicht Gewalt anthun zu dürfen, und gestattete ihm den Uebertritt zur christlichen Kirche. Der Jüngling und sein Freund wurden beide vor einigen Jahren getauft, und wandeln seitdem würdiglich dem Evangelium.

Seitdem besuchte auch der Arzt öfter unsere Kirche und bat mich auch, zu ihm zu kommen, hörte gern vom Christentum, aber nur nicht von einem Sünderheiland. Er hatte viel von Christus, dem Idealmenschen u. dergl. gelesen, und war ganz damit einverstanden. Längere Zeit war ich verhindert, ihn zu besuchen. Als ich aber einmal in sein Zimmer trat, war Mitternacht vorüber. Er lag auf seinem Bette und schien zu schlummern, richtete sich aber bald auf, und ich erschrak, als ich sein blasses Gesicht, von dem matten Lampenlichte beschienen, sah. Einige Minuten vergingen, in denen wir stumm einander betrachteten. Endlich unterbrach ich das Stillschweigen und fragte ihn, wie er sich fühle, und was er von mir wünsche. Er sah sich um, ob niemand uns belausche, und bat mich dann, die Thür fest zuzumachen, was ich nicht ohne Herzklopfen that. Nachdem er einigemal tief Atem geholt, sagte er, meine Hand ergreifend: Lieber Freund! ich bin krank und werde wahrscheinlich von dieser Krankheit nicht mehr aufkommen. Sie wissen nun, wie ich gelebt habe, wissen, daß ich Jude bin; ich möchte aber nicht als Jude sterben, ich möchte durch Christum selig werden. Wollen Sie mich nun taufen? — Lieber Doktor, erwiderte ich, wenn Sie von Christo nicht mehr wissen, als das, was Sie mir gesagt, kann ich Sie unmöglich taufen. Was soll Ihnen auch ein bloßer Mensch, wenn auch ein Idealmensch, helfen? Kann doch kein Mensch seinen Bruder erlösen, denn es kostet zu teuer, man muß es lassen. Wenn wir Christum nur als Menschen betrachten, und doch zu Ihm beten und durch Ihn selig werden wollen, so ist es ein Götzendienst und eine Selbsttäuschung. — Nein! nein! unterbrach er mich, das brauchen Sie mir nicht mehr zu sagen. Ich weiß es schon und hatte während meiner Krankheit Zeit genug, darüber nachzudenken. Hören Sie mir zu, fuhr er fort: Ich behandelte vor zwei Monaten die alte Witwe N. in Ihrer evangelischen Gemeinde. Die Sanftmut, Ruhe und Geduld, mit der sie ihr schweres Leiden trug, machte auf mich einen tiefen Eindruck, und ich mußte mir sagen, daß sie ihren Seelenfrieden, um den ich sie beneidete, aus einer andern Quelle schöpfte, als aus der mir bekannten. Sie wünschte eines Tages dringend von mir, daß ich ihr offen sagte, was ich von ihrem Zustande halte. Ich that es denn auch und verhehlte ihr nicht, daß sie nur noch ganz kurze Zeit zu leben hätte. Da wurde sie ganz freudig, ihr Antlitz verklärte sich bei dem Gedanken an die Nähe des Todes, als wenn's zur Hochzeit ginge. So etwas sah ich nie. Herr Doktor, sagte die sterbende Frau, indem sie zitternd meine Hand ergriff, ich möchte Ihnen gerne Eins noch sagen, ehe ich sterbe. Sie sind ein Jude, Sie kennen den Heiland nicht. Ohne Ihn werden Sie nicht selig werden. O, suchen Sie Jesum, den Heiland der Sünder! — Ich war betroffen und fragte: Woher wissen Sie das, liebe Frau, daß nur in Jesu Seligkeit für mich zu finden ist? — Das weiß ich, erwiderte die Sterbende, so gewiß als heute uns die Sonne bescheint, so wahr ein Gott im Himmel lebt, und so wahr sein Wort ist, in welchem Er's gesagt hat. Dabei reichte sie mir ihre Bibel und sagte: Lieber Herr Doktor, ich möchte Ihnen gerne dankbar sein für Ihre viele Mühe, die Sie mit mir gehabt, und ich bin doch nur eine arme Frau. Das Einzige, was ich Ihnen noch geben kann, das ist diese meine Bibel. O nehmen Sie dieselbe von mir zum Geschenk

an und lesen Sie im Worte Gottes mit Ernst und Gebet, so
werden Sie darin Jesum als Ihren Heiland finden, und Ihre
Freude wird groß werden wie die meinige. — Ich nahm das alte
Buch aus ihren zitternden Händen beschämt und bis ins Innerste
gerührt, und eilte unruhig nach Hause. Es kämpfte und tobte in
meinem Innern, wie bei einem Sturme: Wahrheit und Lüge,
Gewißheit und Zweifel, Hoffnung und Furcht stritten auf's heftigste
in mir. Als ich am folgenden Morgen an ihrem Hause vorüber=
ging, zog es mich hinein, ohne zu wissen weßhalb. Ich wurde
aber im kleinen Vorhause wundersam festgehalten, denn eine Kinder=
stimme erscholl wie Engelsgesang aus dem Krankenzimmer. Es
war die kleine Emilie, ihre Pflegetochter, die der Sterbenden den
letzten Wunsch gewährte und dieser ihr Lieblingslied: „Jesus
nimmt die Sünder an" mit heller Stimme vorsang. Ich hörte
die Worte und höre sie noch:

  Ich Betrübter komme hier
  Und bekenne meine Sünden.
  Laß, mein Heiland, mich bei Dir
  Gnade und Vergebung finden!
  Eins ist, was mich trösten kann:
  Jesus nimmt die Sünder an!

 Diese Worte aus dem Munde eines Kindes, welches ich so
oft am Bette der Kranken knieend beten sah, drangen mir tief
ins Herz, und in diesem Augenblick fiel es mir wie Schuppen
von den Augen, und ich sah, wie nackt, blos und elend ich mit
allen meinen guten Werken sei. Auf einmal wurde es mir klar,
ich sei ein alter betrogener Mann. Der Idealchristus ist ein
Phantasiebild, das in ernsten Stunden, wo einem Hülfe und
Trost not thut, wie Nebel und Rauch verschwindet. Ich glaube
nun an Jesum Christum, Gottes Sohn, den Sünderheiland, der
auch für mich alten Sünder sein teures Blut vergossen hat und
gestorben ist, **nicht allein für meine Sünden, sondern
auch für meine Tugenden.** Das Resultat all meines
Wissens ist jetzt, daß ich ein großer Sünder bin, und daß Jesus
ein noch größerer Heiland ist. Im Namen dieses Jesu möchte
ich nun getauft sein, Herr Pastor, auf daß ich Sein Eigentum
bleibe in Ewigkeit.

 So der Arzt. Ich sah zu meiner herzlichen Freude, daß
der heilige Geist durch den Mund eines unmündigen Kindes in
einem Augenblicke mehr gewirkt an diesem gelehrten Pharisäer,
als ich in der ganzen Zeit durch meine Disputationen. Er erhielt
noch in derselben Nacht, in der er mich rufen ließ, in Gegenwart
mehrerer Juden, welche er eingeladen, die heilige Taufe, die er
selbst eine Nottaufe nannte, weil nämlich vor und nach der Taufe
auf seinen Wunsch das Lied: „Aus tiefer Not schrei ich zu Dir"

gesungen wurde. Er schlief am folgenden Tage sanft und ruhig in dem Herrn ein, und sein letztes Gebet war:

> Jesus nimmt die Sünder an!
> Er hat mich auch angenommen,
> Mir den Himmel aufgethan,
> Daß ich selig zu Ihm kommen
> Und auf den Trost sterben kann:
> Jesus nimmt die Sünder an!

Ja lasset uns alle die Hand an den Pflug legen! Die Gnade des Herrn sei mit allen! Amen.

Jes. 8, 14. 28, 16.

Diese Worte des Propheten versetzen uns in Zeiten der Not, wie sie unter den Königen Ahas und Hiskia über Juda und Jerusalem, über Israel kamen. In dieser Not tritt der Herr auf den Plan mit seinem heiligen Wort, einem Wort des Gerichts, aber auch des Trostes; während alles wankt, legt er einen unbeweglichen Stein, einen Grundstein, einen Felsen, welcher allen Gläubigen einen Halt gewähren, Heil bringen, aber den Gottlosen, den zwei Häusern Israels ein Stein des Anstoßens und ein Fels der Aergernis sein werde, zum Strick und Fall den Bürgern zu Jerusalem. Der Prophet sagt es uns selbst, wer dieser bewährte Stein, dieser köstliche Eckstein sei, nämlich Immanuel, der Messias, und der Apostel St. Paulus erklärt es Röm. 9, 33. als eine messianische Weissagung, welche sich im Herrn Jesus erfüllt. Gott selbst hat ihn, seinen Sohn, gesetzt für die ganze Welt als Grundstein, als Eckstein in Zion, auf welchem er die christliche Kirche erbaut Eph. 2, 20) f., und uns alle möchte er als geistliche Steine diesem Bau einfügen 1 Petr. 2, 5. Dies gilt zunächst Israel, den Juden. St. Paulus zeucht ja gerade in Röm. 9—11, welche von Israel handeln, diese Weissagung an. Dem Volk der Juden vor allem ist dieser Eckstein gelegt, dieser köstliche Stein, der Herr Jesus ist ihnen als Christ, als Messias gesetzt zur Entscheidung, an ihm entscheidet sich ihr Glaube oder Unglaube, und noch heute ist er den einen ein Stein des Anlaufens und ein Fels der Aergernis, den andern aber ein Grundstein, ein bewährter Stein, ein köstlicher Eckstein. Denen ist er zum Aergernis, welche die Gerechtigkeit nicht aus dem Glauben, sondern aus den Werken des Gesetzes suchen. Wer aber an ihn glaubt, dem ist der Herr Christus ein bewährter Stein, der wird nicht zu Schanden.

Israel hat dem Gesetz der Gerechtigkeit nachgestanden, es sucht die Gerechtigkeit aus den Werken des Gesetzes, sagt der Apostel. Dies kommt gewiß vielen unter uns wunderlich vor. Wir sehen auf die Juden mit Abscheu, als ob sie lauter elende Schufte, Betrüger und Wucherer wären. Glaubt nicht, ich wolle sie weiß waschen, wie sie rein von Sünden wären, nein, ich kenne ihren Wucher, ihre Hartherzigkeit, Verstocktheit und andre Sünden, und weiß, daß dies zu ihrer Verdammniß führt, aber trotzdem gilt das Wort des Apostels, sie streben der Gerechtigkeit nach durch die Werke des Gesetzes. Neulich entgegnete ein Rabbi einem Freund Israels, es gebe längst keine Juden mehr, wenn die Christen nach ihrem Christenglauben lebten und wandelten, und manchmal hörte ich aus dem Mund von Juden und Christen das Wort: Die Christen sind schlechter als die Juden. Laßt mich das an einigen Geboten zeigen. Du sollst den Namen des Herrn deines Gottes nicht vergeblich führen, lautet das zweite Gebot, und wir kennen dessen Erklärung von unsrem Vater Luther. Wie oft wird dieses göttliche Gebot unter uns nur durch Fluchen übertreten! Aus dem Mund eines Juden hörte ich noch nie einen Fluch, ausgenommen von einem einzigen, der sehr verachtet unter ihnen war, zugleich den einzigen, den ich je betrunken sah. Du sollst den Feiertag heiligen! lautet das dritte Gebot. Sabbathschänder gibt's unter uns Christen nur zu viel, dagegen bei den Juden? Wenn ich am Freitag Nachmittag den Weg gegen einem benachbarten Judenort zuwandle, begegnet mir ein Jude nach dem andern, und jeder eilt, vor 6 Uhr abends, da der Sabbath beginnt, zu Hause zu sein, um denselben mit Gottesdienst zu beginnen. Wird aber ein Jude im fremden Ort vom Sabbath überrascht, so gibt er dem Wirt sein Geld zur Aufbewahrung, schließt sich in sein Zimmer ein, legt seine Gebetsriemen an, nimmt sein Gebetbuch und andre Bücher, welche er bei sich trägt, zur Hand, füllt den ganzen Sabbath mit den ihm vorgeschriebenen religiösen Uebungen aus, und erst nach Verfluß desselben widmet er sich wieder seinem werktäglichen Geschäfte. Ein jüdischer Metzger brachte jeden Sonntag Morgen in viele Häuser meines Wohnorts das Fleisch, und zwar besseres Fleisch, als man es vom christlichen Metzger des Orts erhielt. Verschiedene Versuche, das Fleisch von ihm an einem andern Tag zu erhalten, mißlangen. Endlich sage ich ihm: Lieber Freund! Du heiligst als Jude Deinen Sabbath, ich als Christ meinen Sonntag. Was dem einen recht ist, ist dem andern billig: Du willst mir an Deinem Sabbath Dein Fleisch nicht verkaufen, ich will dirs an meinem Sonntag nicht abkaufen, also bring mirs zu einer andern Zeit, sonst verlierst Du die Kundschaft. Was thut der Jude? Lieber läßt er die Kundschaft fahren und verzichtet jährlich auf einige hundert Mark, als daß

er seinen Sabbath entheiligt hätte, ist aber nach wie vor gleich
freundlich gegen mich. Eines Samstags fuhr ich, so erzählt der
† Pfarrer Dr. Weber aus Neudettelsau von seiner russischen
Reise, auf der Eisenbahn, und zwar wie gewöhnlich, in der nie-
dersten Klasse, um dadurch mit den vielen Juden, welche in
manchen Gegenden beinahe die einzigen Eisenbahnreisenden sind,
in Berührung zu kommen. Alles war leer, nur einen einzigen
Juden erblickte ich, und zwar hatte derselbe zu meiner größten
Verwunderung seine Beine entblößt in einem Kübel voll Wasser.
Auf meine Frage erwiderte er: es ist uns verboten, am Sabbath
eine Landreise zu machen, dagegen eine Reise zu Wasser ist er-
laubt. Da ich nun eine unaufschiebliche Reise zu machen habe,
muß ich auf diese Weise diesem Gebot nachkommen. Wahrlich
ein Eifer, wenn auch ein Eifer mit Unverstand! Röm. 10, 5.
Auch Menschenfurcht kann sie darin nicht irre machen. Mit dem
ersten Frühzuge fahren die Juden gewöhnlich auf ihre Märkte.
Trifft sie im Eisenbahnwagen der erste Sonnenstrahl, so sieht man
alle nach der Vorschrift ihres Gesetzes ihre Gebetsriemen anschnallen,
ihre Gebete verrichten, und erst nach Vollendung dessen geben sie
sich mit andrem ab. Wie sind sie doch in diesem Stück uns
Christen ein Muster! Ebenso ist's mit dem 4. Gebot. Welch
eine Ehrerbietung der Kinder gegen die Eltern, der Mutter gegen
den Vater! Kehre ich in einem Judenhause ein, so hält sich die
Mutter ehrerbietig bei Seite, ohne dem Vater ins Gespräch zu
fallen, die Kinder aber sitzen oder stehen schweigend in der Ecke,
wenn sie nicht gar sich entfernen. Welch eine Ehrfurcht und Hilfe
auch gegenüber betagten Eltern oder allein stehenden Witwen!
So könnte ich alle Gebote durchgehen und die Wahrheit apostolischen Worts beweisen. Die unter uns wohnenden Juden sind
vielfach reich, reich oft neben armen Christen. Da sitzen 2 Kaufleute neben einander, der Jude bringt sein Geschäft empor, beim
Christen gehts bergab. Gewöhnlich gibt man als Ursache davon
den Wucher, Betrug und andre Sünden der Juden an, was ein
Christ nicht nachmachen könne. Allerdings, aber immer trifft's nicht
zu. Das rührt abgesehen von der Tüchtigkeit und Rührigkeit auch
her von dem Segen, welchen Gott auf die Erfüllung seines Gesetzes legt. Freilich der äußerlichen Gesetzeserfüllung folgt auch
nur äußerer Segen, dem Eifer mit Unverstand wirft Gott die
Güter dieser Welt zu und speist damit ab, wie man die Säue
mit den Trähern abspeist. Weiter kommt's nicht. Vergebung der
Sünden, Gerechtigkeit, Friede und Freude im heiligen Geist und
andrer geistlicher Segen in himmlischen Gütern findet sich bei den
Juden, in Judenherzen nicht, sondern Unfriede, Friedlosigkeit,
Nagen und Pein des Gewissens. Denn sie wollen sich die Gerechtigkeit verdienen durchs Gesetz, und doch ist ihre Gesetzes-

erfüllung voll Sünde, ihr Eifer voll Unverstand, ihre Selbstgerechtigkeit ein beflecktes Kleid. Matth. 23. Den aber, welcher auch ihre Sünden gebüßt, das Lamm Gottes, das der Welt Sünde trägt, verwerfen sie, er ist ihnen auch ein Stein, aber ein Stein des Anstoßens, auch ein Fels, aber ein Fels der Aergerniß. Deshalb sind sie ihr ganzes Leben lang Knechte der Furcht. Auch ein ungläubiger Christ muß sich ängsten, wenn der heilige Gott im Gewitter zu ihm redet, aber ein Jude zittert und bebt vor der für den Sünder furchtbaren Heiligkeit und Majestät Gottes, welche sich im Gewitter und bei andern Anlässen offenbart, denn er lebt ganz ohne jede Hoffnung dahin. Und wenn auch jener Spruch des Talmud in Pirke Abot: Bekehre dich einen Tag vor deinem Tod! gar schön sich anhört, so fehlt doch den Juden die Möglichkeit der Bekehrung, da sie den verworfen, in welchem allein das Heil zu finden ist. Besonders zeigt sich dies beim Sterben. Gar schön erzählt der Talmud von Rabbi Jochanan, Ben Zechi, er hätte sich sein ganzes Leben lang nach Gottes Geboten zu wandeln bemüht und sei deshalb in großem Ansehen gestanden. Als aber sein Tod herannahte, fing er an bitterlich zu weinen, denn er fühlte, daß er vor Gott, dem Heiligen, nicht rein sei. So starb er, der große Rabbi, ohne jegliche Hoffnung; er bestrebte sich, durch seine Gesetzeserfüllung vor Gott gerecht zu werden, aber er fühlte, daß er die Gerechtigkeit vor Gott nicht erlangt, sondern als ein Sünder vor Gottes Heiligkeit unrettbar verloren sei. Was ist das für ein Sterben, wenn sie einen Angehörigen in der Not und Verzweiflung sterben lassen und ihm nur etwa einige Steine mitzugeben wissen unter den Worten: Wenn Du Josefs Sohn siehst, so wirf ihn mit Steinen! Was wollen diese Steinlein gegenüber jenem Stein, gegenüber jenem Felsen! Ja, gestoßen haben sie sich an ihm, gefallen, zerbrochen, gefangen und verstrickt sind sie, als Volk und als einzelne Jes. 42, 3., ohne Land, ohne König, ohne Fürsten, ohne Opfer, ohne Altar, ohne Leibrock und ohne Heiligtum Hos. 3, 4.; zu Schanden sind sie worden unter den Völkern, ein Volk des Fluches für sich und Andere Jer. 29, 18.

Aber auch den Juden gilt das Wort vom zerstoßenen Rohr und glimmenden Docht Jes. 42, 3., das Wort vom geängsteten Geiste, vom geängsteten und zerschlagenen Herzen Psalm 51, 19. Für solche gerade wird der Messias, der Herr Jesus ein bewährter Stein, ein köstlicher Eckstein, der Grundstein, welcher von Gott gelegt ist in Zion. Darauf weist die Juden schon ihr eigener Talmud. Die Rabbiner haben die Lehre von der 6000jährigen Entwicklung der Welt. Gott hat die Welt in 6 Tagen erschaffen, nun aber sind 1000 Jahre vor Gott wie ein Tag, also muß die Welt 6000 Jahre bestehen. Als die 4000 Jahre um waren, so lehrt die rabbinische Schule vom Hause Eliahu weiter, ist der Moschiasch gekommen, aber um der Sünde seines Volks willen hält er sich vor ihm verborgen. Erinnert das nicht unwillkürlich an das Wort des Herrn Matth. 23, 39? Wenn sie nun vollends in die Bibel eingeführt werden, und ihnen gezeigt wird, wie das ganze Gesetz auf Christum weist, wie das ganze Gesetz, wie die Weissagungen Mosis und der Propheten buchstäblich in Jesu von Nazareth erfüllt sind, wenn sie die Bibel nicht mehr mit der Decke Mosis und ihres Talmuds zu lesen und zu verstehen anfangen, wie mancher ist da schon zur Erkenntnis Jesu Christi durchgedrungen! Der Segen, welchen der Herr auf die langjährige Arbeit des lutherischen Pastors Faltin in Kischinew gelegt hat, die durch den judenchristlichen Advokaten Rabbinowitsch hervorgerufene judenchristliche Bewegung der Gegenwart ist ein laut redendes Zeugnis dafür, daß es nicht vergeblich ist, den Juden das Evangelium von Jesus dem Christ zu bringen, nur so, daß man den Juden dabei ein Jude wird. 1 Kor. 9, 20. Es kann einen Juden zu Thränen rühren, wenn man ihm darlegt, wie wir Sünder eine Versöhnung notwendig hätten. Dazu genügten nicht blutige Tieropfer, welche bei den Juden ohnedies schon beinahe 2000 Jahre aufgehört hätten, sondern allein das Sühnopfer eines, der da wäre heilig, unschuldig, von den Sündern abgesondert und höher denn der Himmel Jes. 53, dies aber erfüllte sich im Opfer Jesu Christi, des Lammes Gottes, das der Welt Sünde trägt. Da zeigt sich besonders der Gang des lutherischen Katechismus in seiner Trefflichkeit. Eines Tages, so erzählte einst im Freundeskreis der selige lutherische Pfarrer Fr. Th. Horning in Straßburg, trat ein jüngerer Mann in größter Aufregung, von Eile und Schrecken fast atemlos, in mein Studierzimmer und rief: „Herr Pfarrer, helfen Sie mir, ich bin verloren." „Wie so?", rief er, was bringt Sie auf diesen Gedanken? Was haben Sie gethan?" Der junge Mann antwortete: Ich habe meinen Glauben verleugnet, ja öffentlich abgeschworen, ich bin meinem Herrn und Heiland untreu worden; nun und nimmer wird er mich Abgefallenen annehmen." Dies alles brachte er unter viel Seufzen und Thränen hervor und warf allemal dazwischen: „Helfen Sie mir, helfen Sie mir, Herr Pfarrer!" Ich bestellte darauf den Armen auf etliche Tage später und versprach, dann die Sache näher zu untersuchen und ihm, wenn es möglich sei, das Mittel anzugeben, durch welches er gerettet werden könne. Zur festgesetzten Zeit kam der Arme wieder und klagte aufs neue seine entsetzliche Not, erzählte auch den Hergang folgendermaßen: „Ich bin von Hause aus Christ und wurde christlich erzogen. Als ich größer ward, lernte ich ein Judenmädchen meiner Vaterstadt kennen und faßte eine mächtige Neigung zu ihr. Das Mädchen erwiderte meine Liebe. Ich hielt bei den Eltern um ihre Hand an. Sie wollten mir dieselbe nicht verweigern, aber auch nur unter der Bedingung ihre Einwilligung zur Heirat geben, daß ich den christl. Glauben abschwöre und ein Jude werde. Von furchtbarer Leidenschaft für das Mädchen erfüllt, willigte ich endlich in die schmähliche Bedingung. Wohl kam mir's jetzt erst recht zum Bewußtsein, daß ich an meinem Christen-Namen und Christen-Glauben, wenn er schon kein lebendiger war, denn doch unbewußterweise einen großen Schatz mein eigen nannte. Jedoch eines Tages trat ich in die Synagoge, geführt von meinem Schwäher, schwur den Christenglauben ab und trat zum Judentum über. Nun stand unserer Ehe kein Hindernis mehr im Wege, und die Hochzeit fand bald darauf statt. Nun aber am Ziel meiner Wünsche angekommen, überfiel mich auf einmal eine innere Unruhe, und ich machte mir schreckliche Vorwürfe, daß ich meinen Heiland verleugnet und meinen Glauben abgeschworen. Diese Gewissensbisse steigerten sich immer mehr, daß ich keinen Schlaf mehr finden und nichts mehr genießen kann. O ich bitte Sie, helfen Sie mir, Herr Pfarrer! Ich verzweifle, ich kann nicht anders glauben, als daß ich verloren gehen muß." So der junge Mann. Ich stimmte zu, daß die Sünde allerdings schrecklich sei, aber bei aufrichtiger, gründlicher Buße und Reue werde der Herr wohl sein Erbarmen ihm wieder zuwenden. Denn er habe auch die ärmsten Sünder bei jenem Worte nicht ausgenommen: „So ihr mich von ganzem Herzen suchen werdet, so will ich mich von euch finden lassen." Jer. 29, 13 f. 5, Mos. 4, 29. Doch Sie müssen natürlich Ihren Glauben an Jesum ebenso öffentlich wieder bekennen wie Sie ihn öffentlich abgeschworen haben. Als der Mann des zufrieden war, nahm ich ihn in Pflege und Unterricht, und zwar nach dem kleinen Katechismus Dr. Martin Luthers. Da erkannte ich von neuem, wie trefflich die ganze Anlage unseres teuren Katechismus. Mit den zehn Geboten beginnt er im ersten Hauptstück, das Gesetz aber wirkt Erkenntnis der Sünden und führt so zum Heiland, zum Herrn Jesu. Die heiligen zehn Gebote besprach ich zuerst in mehreren Stunden mit dem Reumütigen. Diese führten ihn noch tiefer in sein Herz und wirkten eine göttliche Traurigkeit in ihm, die zum Frieden führt. Einmal forderte ich den Mann auf, er möchte auch sein junges Weib mitbringen. Sie erschien, aber äußerst schüchtern und zaghaft, und ließ sich nicht herbei, meinem Unterricht förmlich anzuwohnen. Sie blieb im Vorzimmer stehen und erlaubte nur, daß an der Thüre, welche ins Unterrichtszimmer führte, eine Spalte offen gelassen werde. So hörte sie lange zu, ohne daß man eine Veränderung an ihr wahrnahm. Eines Tages aber öffnete sie die Thüre weit, trat herein und gestand unter vielen Thränen, daß das Gehörte ihr keine Ruhe mehr lasse, sie sehe nun, welch große Sünderin sie sei, und welche Barmherzigkeit Gottes darin liege, daß er Seines eingeborenen Sohnes nicht verschont, sondern Ihn für uns dargegeben habe. Sie bat nun ebenfalls um Taufunterricht und erhielt ihn. An dem Tag aber, da ihr Mann seinen Glauben an den Herrn Jesum öffentlich in der Gemeinde wieder bekannte und daraufhin in die evangelische Kirche Augsburger Konfession wieder aufgenommen wurde, erhielt sein Weib die heilige Taufe auf den Namen Jesu. Nun sind sie in ihm geeinigt, und ihre Liebe ist dadurch nur heiliger und inniger geworden. Ja, ein Stein des Anstoßens ist er, der von Gott in Zion gelegte köstliche Grundstein, aber den Zerschlagenen und Geängsteten ein bewährter Stein geworden, der wohl gegründet ist. Darum gelte auch uns für die Evangelisierung Israels der Zuruf des Apostels: Darum, meine lieben Brüder, seid fest, unbeweglich, und nehmet immer zu in dem Werk des Herrn; sintemal ihr wisset, daß euere Arbeit nicht vergeblich ist in dem Herrn, 1 Kor. 15, 58. Amen.

Jes. 40, 1. 2.

Geliebte Missionsfreunde!

Die eben verlesenen Worte sind Gottes Wort für Israel an den Propheten. Dieser sieht im Geiste Israel in der Ritterschaft, in schwerem Zwangsdienst, im Streit, da seine Tage sind wie eines Taglöhners (Hiob 7, 1.). Es ist die babylonische Gefangenschaft, unter welcher es seufzt, wo sie ihre Harfen an die Weiden hingen, wo sie saßen und weinten, so oft sie an Zion gedachten (Ps. 137, 1. 2.). Eine große Notzeit für Israel, denkt nur an die Klagelieder des Propheten Jeremias: aber noch größer ist die Ritterschaft, in welcher die Juden gegenwärtig schmachten. Nicht die babylonische Gefangenschaft ist's, sondern die römische; nicht etwa nur siebenzig Jahre, sondern schon Hunderte und aber Hunderte von Jahren, ja Jahrtausende seufzen sie, ihr Tempel ist zerstört, die heilige Stadt liegt in Trümmern, zertreten von den Heiden, das Land Kanaan unter dem Fluche Gottes, das Volk zerstreut unter alle Völker der Erde — so gehen sie dahin, ohne König, ohne Fürsten, ohne Opfer, ohne Altar, ohne Leibrock und ohne Heiligtum (Hos. 3, 4.). Doch viel schwerer ist die Ritterschaft, da sie der Sünde dienen, unter der Gewalt des Teufels und der Hölle stehen, in steter Furcht des Todes als Knechte leben, ohne das Gift gegen den Tod zu kennen (Hos. 13, 14.), dazu noch ein Fluch für andere Völker sind (Jer. 29, 18.). Oder meint ihr, die Juden seien glückliche Menschen? Allerdings, könnte man denken; haben sie doch das im Ueberfluß, was so viele auch unter uns für das größte Glück halten, nämlich das Geld; aber wenn auch der Beutel voll ist, ihr Herz bleibet leer und öde. Oder seht ihr nicht, wie sie die Unruhe hin- und hertreibt? Hört ihr nicht, wie sie jeden Freitag am Fuße des Tempelbergs zu Jerusalem ihre traurigen Gebete und herzzerreißenden Gesänge um Zion herklagen, daß es selbst einem Judenfeind durch Mark und Bein dringen muß? Hat euch noch keine Seele aus Israel, wie wir sagen, hinter das Brusttuch sehen lassen und den Zustand des Herzens geoffenbart? Habt ihr's noch nie erfahren, wie ein Jude so hoffnungslos stirbt, ohne auch bei den Seinigen einen Trost finden zu können? Denn die schwere Sünde, daß sie den Heiligen des Herrn verflucht und ans Kreuz geheftet als einen Missethäter, liegt unvergeben auch auf ihm. Den aber, welcher dem Tod ein Gift und der Hölle eine Pestilenz ist und sein will, kennen sie nicht. (Hos. 13, 14. 1 Kor. 15, 55.).

Zu Kischinew war eine alte Christin, die einen besonderen Gebetstrieb für Israel in sich hatte und Jahr aus Jahr ein zu dem dortigen evangelischen Pastor Faltin mit dem dringenden Verlangen kam: Herr Pastor, thun sie doch etwas für die 40 000 Juden zu Kischinew, die ohne den Heiland dahinleben. Die treue Christin hatte keine Ruhe und gab ihrem Seelsorger keine Ruhe — um Zions willen. Es schien jedoch ihr Bitten umsonst zu sein, denn der Pastor war durch die Fürsorge für die zerstreuten Evangelischen im ganzen Lande Bessarabien zu sehr beschäftigt, um sich auch noch der Juden annehmen zu können, und hielt ihr stets diese seine näheren Amtspflichten entgegen. Indes wurde ihm diese Mahnung eines Gemeindegliedes doch ein Stachel in seinem Gewissen, der ihn antrieb, die ganze Gemeinde an ihre Pflichten gegen das jüdische Volk in Predigten und besonderen Betstunden zu erinnern und so das Interesse an Israel in Vieler Herzen zu erwecken. Achtzehn Jahre hatte jene Beterin im stillen die Sache der Juden von Kischinew auf ihrem Herzen getragen, — da durfte sie es erleben, wie der Rabbiner dieser großen Judengemeinde an dem Altar der evangelischen Kirche von Kischinew kniete und nach Ablegung seines Glaubensbekenntnisses mit seiner Ehegattin die heilige Taufe empfing. Nach dem Schlusse des Gottesdienstes, als alle die Kirche verlassen hatten, trat die treue Beterin leise an den vormaligen Rabbi heran und rief mit freudestrahlendem Angesicht ihm zu: „Dich habe ich mir vom Herrn achtzehn Jahre lang ausgebeten." Betet Ihr auch also für die Juden im Kämmerlein, oder in besonderen Gemeindebetstundn, Missionsstunden? Nicht wahr, es mangelt bei uns am Gehorsam?

Es mangelt aber auch am Gehorsam gegen das, wozu uns der Herr in obigen Worten ermahnt: „Tröstet, tröstet Mein Volk, redet mit Jerusalem freundlich, oder redet Jerusalem ans Herz" Hast du das auch schon gethan, auch schon mit einem Juden freundlich geredet? Du redest wohl mit ihm über Geld und Geldeswert, über Vieh und Viehhandel und anderes der Art, und doch wie kalt läßt und macht das? Du läßt ihn merken, daß du ihn im Grunde hassest und nur so weit mit ihm zu schaffen haben willst, als du ihn brauchst, und doch, verbittert ihn das nicht viel mehr, daß er dir's zu vergelten sucht? Versuch's einmal mit ihm freundlich zu reden, ihm ans Herz zu reden, die Saiten seines Herzens anzuschlagen; zeig' ihm dein Herz, welches, einst von Sünden geplagt und unter dem Sündenfluch, nun Erlösung gefunden hat. Das macht auf ihn Eindruck. Vor kurzem wurde ein Jude in unserem Lande getauft, namens J. L. aus Galizien. Seine wohlhabenden Eltern erzogen ihn streng nach dem Talmud und in der überlieferten Messiashoffnung. Diese Erwartung erfüllte ihn mit hohem Stolz, und seinen papistischen Mitschülern gegenüber sprach er es oft aus, ihr sogenannter Messias sei nicht der rechte Messias, sondern der von den Juden erhoffte, dieser würde einst bei Seinem Kommen das Messiasreich aufrichten, dessen Wesen eitel Freude und Herrlichkeit sei, und dem alle Völker unterthan sein werden. Seine Heimat ist nur von römischen Katholiken und Juden bewohnt. Das papistische Christentum stieß ihn aber ab, und es herrschte der bitterste Haß zwischen Juden und Christen. Es wohnen dort jedoch auch drei schwäbische Handwerkerfamilien. Unsere Württemberger, welche in andere Länder ziehen, sind leider vielfach unchristliche und unkirchliche Leute! Erst vor einigen Tagen erhielt ich die briefliche Klage eines Freundes aus einer Stadt der preußischen Rheinprovinz, daß leider die meisten der so zahlreich dort ansässigen Württemberger ihren schlimmen Ruf als Religions- und Kirchenverächter verdienen. Bei diesen drei Familien war es anders. Sie durften zwar keinen öffentlichen Gottesdienst halten, blieben aber ihrem lutherischen Glauben und Bekenntnis treu und erbauten sich im stillen fleißig aus Gottes Wort. Durch diese Männer bekam der Jüngling den ersten günstigen Eindruck vom Christentum. Er widerstrebte zwar, doch ließ es ihm keine Ruhe; er beschloß, die Heimat zu verlassen, um auswärts noch weitere Belege für die jüdische und gegen die christliche Religion zu erhalten. Doch der Herr hatte es anders beschlossen. Er suchte dieses verlorene Schäflein, bis Er es gefunden. Sein Weg führte den Jüngling nach Hamburg. Dort lernte er einen unserer Proselyten kennen, der sich dort niedergelassen. Von diesem christgläubigen Juden hörte er die biblischen Zeugnisse für die Wahrheit der christlichen Religion, besonders aber wurde ihm der ernste und gottesfürchtige Wandel in dessen Haus eindrücklich. Wenn ich es, dachte er bei sich selbst, nur einmal dahinbringe, daß mein Glaube und Wandel sei, wie der dieses Mannes, so will ich Gott in Zeit und Ewigkeit danken. Dieses Seufzen ließ der Herr in Erfüllung gehen. In unserm Land, wohin ihn sein Wandertrieb brachte, erhielt er christlichen Unterricht, kam zur Erkenntnis Jesu, als des Christs, und wurde nach Vollendung des vorbereitenden Unterrichts durch das Bad der Wiedergeburt in die Gemeinschaft des dreieinigen Gottes aufgenommen. Es ist nicht umsonst, wenn man mit Jerusalem freundlich redet, wenn man Israel ans Herz spricht, ihm besonders das bringt, was am meisten zu Herzen geht, das heilige Wort Gottes, die liebe Bibel.

Aber unser Text giebt uns auch den Inhalt dieser Rede, Predigt an Israel an. Predigt ihr, heißt es, daß ihre Ritterschaft ein Ende hat, daß ihre Missethat vergeben ist, denn sie hat Zwiefältiges empfangen von der Hand des Herrn um all ihre Sünde. Das eine ist die Predigt von der Sünde, das andere die Predigt von der Gnade. Sie hat Zwiefältiges empfangen von der Hand des Herrn, das will sagen: Du hast Sünde gethan, schwere Sünde, hast den Heiligen des Herrn als Missethäter gekreuzigt, dafür hast du Strafe empfangen, und zwar doppelte Strafe als das Volk des Herrn, das Gericht fängt an am Hause Gottes (1 Petr. 4, 17).; aber du hast auch zwiefältiges Heil empfangen, du bist als das Volk Gottes auch doppelt begnadet, Gottes Gnade ist größer als deine Sünde, sie ist überschwenglich groß (Röm. 5, 15. ff.), deine Sünde ist vergeben um des Einen willen, der sie gebüßet hat, dieser Jesus ist auch dein Versöhner worden, der dich verlorenen und verdammten Menschen erlöset hat, erworben und gewonnen von allen Sünden, vom Tod und von der Gewalt des Teufels, nicht mit Gold oder Silber, sondern mit Seinem heiligen teuren Blut und mit Seinem unschuldigen Leiden und Sterben, auf daß du Sein eigen seiest und in Seinem Reich unter Ihm lebest und Ihm dienest in ewiger Gerechtigkeit, Unschuld und Seligkeit. Geliebte! Es ist also das ewige Evangelium von Sünde und Gnade, das Evangelium von Jesus dem Christus, dem Messias, es ist der Heilsweg, Buße und Glaube, was den Juden gepredigt werden muß, die Heilsordnung, nach der auch sie einhergehen sollen, — nichts anderes, nichts Besonderes, das ist der Weg für sie, wie für uns, das Evangelium von Jesu Christo, eine Kraft Gottes, die da selig macht alle, die daran glauben, die Juden vornehmlich, aber auch die Heiden (Röm. 1.). Es giebt für die Juden keinen anderen Weg zu Christo, als den Weg der Buße, der Erkenntnis ihrer Sünde, ihres jüdischen Stolzes und anderer Sünden, und keinen anderen, als den Weg des Glaubens an Jesum Christ: sie müssen sehen, in welchen sie gestochen haben Sach. 12, 10.; diesen Jesus, den ihr gekreuzigt habt, hat Gott zu einem Herrn und Christ gemacht Ap. 2, 36. Wer da meint, die Juden durch die Predigt von Israels Hoffnung zu Christo Jesu zu bringen, der wird erfahren, daß er hierdurch nur den jüdischen Stolz nährt und Leute heranzieht, welche noch ärger sind, als eigentliche Juden, jene Hunde, böse Arbeiter, die Zerschneidung, von der St. Paulus so viel zu leiden hatte (Phil. 3, 2.). Dagegen wenn den Juden dieses Evangelium von Sünde und Gnade, von Jesu, dem Christ, nahe gebracht wird, wie es auch unsere württembergische Mission unter Israel thut, dann ist's nicht ohne Erfolg. Nur ein Beispiel aus unserer Missionsarbeit.

Vorigen Sommer erhielt ich einen Brief aus Amerika mit der Einladung zur Ordination oder Predigtamtsweihe und zur Hochzeit. Dieser Einladung freute ich mich sehr: kam sie doch nicht nur von einem meiner vielen früheren Schüler, welche jetzt als lutherische Pastoren oder Lehrer im amerikanischen Weinberge des Herrn arbeiten, sondern von einem unserer Judenchristen, welcher als ein um des Herrn Jesu willen von den Seinen Verstoßener weiland in meinem Hause eine Zufluchtsstätte gefunden. Es ist der Sohn gesetzesstrenger Juden in Kischinew, von Jugend auf streng im Judentum erzogen. Nach dem Willen seiner Eltern erlernte er die Uhrmacherei und gewann bald so das Vertrauen seines Herrn, daß dieser ihn mit dem Verkauf von Gold- und Silberwaren betraute. Auf seinen Reisen kam er in eine von vielen Juden bewohnte Stadt. Da stößt er auf einen Haufen Juden, welche mit einander streiten. Einer hält ein Büchlein empor, die andern wollen's ihm entreißen. Er tritt hinzu mit den Worten: „Brüder, streitet nicht mit einander!" nimmt dem Betreffenden das zerrissene Büchlein aus der Hand und geht davon. Zu Hause angekommen liest er drinnen, und wird immer mehr davon gefesselt, so daß das lebhafte Verlangen in ihm rege wird, in den Besitz eines solchen Büchleins zu kommen. Er fragt in den jüdischen Buchhandlungen nach dem Büchlein vom sogenannten Messias der Christen, dem Neuen Testament, man sieht ihn groß an; er findet es jedoch nirgends, ebenso wenig in christlichen Buchhandlungen; denn da werden keine hebräischen Bücher feilgeboten. Endlich weist man ihn zu Pastor Faltin, der seit Jahren schon ein gesegnetes Werk unter den Juden des Morgenlandes treibt. Im Dunkel der Nacht tritt er ein und hier findet er, was er sucht, Erkenntnis seiner Sünden, aber auch Erkenntnis der Gnade in Jesu Christo. Freilich wird er darob von den Juden verstoßen und darf der Nachstellungen halber das Asyl nicht verlassen, aber er hält stand. Es ist die Zeit des russisch-türkischen Krieges, und

Kischinew bildet das Hauptquartier des Oberbefehlshabers Großfürsten Nikolaus. Ein gläubiger lutherischer Offizier seines Heeres wird zum Paten des Jünglings gewonnen. Die Juden beabsichtigen, beim Kirchgang den Jüngling aus den Händen der Christen zu reißen; aber wie sie die glänzenden Uniformen gewahr werden, entfällt ihnen der Mut, und unter großer Andacht der Gemeinde wird der Jüngling durch das Sakrament der Wiedergeburt teilhaftig der Vergebung der Sünden, Kindschaft Gottes und Erbschaft des ewigen Lebens. Seines Bleibens ist aber nun in Kischinew nicht mehr. Pastor Faltin bittet uns Freunde Israels in Württemberg, ihn in unsere Missionspflege aufzunehmen. Dies geschieht. In meinem Hause lebt er monatelang seines Christenglaubens unter strenger Arbeit. Aber was sollen wir aus ihm machen? Es ist sein sehnlichster Wunsch, ein Prediger des Evangeliums zu werden. Wir richten unsere Blicke nach Amerika, nur die Kosten der Ausbildung stehen noch als Hindernis im Weg. Da kommt eines Tages ein Brief von einem meiner früheren Missionszöglinge, welcher als Pastor innerhalb der lutherischen Synode von Ohio steht, mit der freudigen Nachricht, daß ein aus Sulz a. N. stammender Schuster Simon in Allegheny, Glied der evangelisch-lutherischen Gemeinde des aus Ehningen bei Böblingen gebürtigen Pastors Schiedt sich erbiete, die beträchtlichen Studienkosten auf dem Predigerseminar zu Kolumbus für zwei unserer Proselyten zu bezahlen. Wie kann doch der Herr Herz und Hand öffnen! Nach seiner Aussegnung in unserer St. Martins-Kirche wandert er hinüber, treibt fleißig seine Studien, nach Vollendung derselben wurde ihm das heilige Predigtamt anvertraut, und zugleich schenkte ihm der Herr eine Gehilfin nach seinem Sinn. Und wie merkwürdig es Gott fügt! Nun steht er in demselben Allegheny als Pastor einer dortigen luth. Gemeinde. Der bisherige Pastor Otto von Zech schlug sich nämlich zu der Sekte der Adventisten des jüngsten Tags, baute neben seine bisherige luth. Kapelle seine Sektenkapelle und hetzt mit einer Zähigkeit und einem Eifer, der allen Schwärmern eigen ist. Diese kleine Missionsgemeinde verlor den Mut und wollte sich auflösen. Da wurde Bruder Kuldell durch seinen Wohlthäter dorthin berufen. Wer ist tüchtig? rief er manchmal unter Thränen aus, konnte aber doch nicht anders als den Ruf annehmen. Ein Saatfeld! Aber die mit Thränen säen, werden mit Freuden ernten. Wie die Kirche zerrüttet ist, so ist auch die Schule verdorben. Daher erbat er sich zur Aushilfe an der Schule einen aus der Zahl unserer Missionszöglinge für die evang.-luth. Kirche in Amerika. Der Arbeit ist gar viel, schreibt er. Konfirmandenunterricht, englischer Unterricht in der Schule, jede Woche acht Predigten, sonstige Amtsgeschäfte, dazu muß ich Missionar sein, da ich bloß eine Hand voll Leute als Glieder der hiesigen Gemeinde vorfand, Verbreitung Ihrer Schriften, besonders der Konkordienjubelbüchlein, dazu Arbeit im Hause, das alles beschäftigt mich von früh morgens bis spät abends unausgesetzt. Geliebte! Die Predigt an die Juden von Jesus dem Christ, dem Versöhner unserer Sünden, ist nicht vergeblich, sondern trägt Frucht. Gott aber mache auch uns willig, daß wir immer mehr diesen Seinen Ruf hören und dazu mithelfen, daß die Juden das Evangelium des Friedens hören und durch das Wort selig werden! Amen.

Röm. 9, 25. 26.

Geliebte in dem Herrn!

Diese Worte hat der Heilige Geist dem Propheten Hosea (1, 10.) eingegeben, und aus dem Munde des Propheten hat sie der Apostel St. Paulus genommen. Es ist also ein doppelt versiegeltes Gotteswort, ein Wort des Alten und des Neuen Testaments. Dieses Wort handelt von einem und demselben Volk, dem Volk Israel, dem Volk der Juden. Es sagt aber von diesem Volk ein Doppeltes. Zuerst enthält es eine Drohung. Da redet es von Orten und Zeiten, da zu diesem Volk gesagt wird: Ihr seid nicht mehr Gottes Volk, ja nicht einmal mehr ein Volk, sondern nur ein zerstreuter Haufe, wandernd in allen 5 Weltteilen, bald vom Land in die Stadt, bald von der Stadt aufs Land. Diese Drohung ist erfüllt vor unsern Augen. Denn nicht etwa in einer 70jährigen Gefangenschaft schmachten die Juden, wie es die babylonische war, sondern in der beinahe 2000 Jahre währenden römischen Gefangenschaft, und noch ist kein Ende derselben abzusehen. Das andere ist eine Verheißung. Diese redet auch von Orten und von Zeiten, aber von solchen, da zu diesem Volk gesagt wird: Nun seid ihr wieder Gottes Volk! da sie Kinder des lebendigen Gottes genannt worden. Die Drohung, sie liegt erfüllt vor unsern Augen, wie stehts aber mit der Verheißung? Sind auch unsere Tage, unsere Zeiten solche, da zu diesem Volk gesagt wird: nun seid ihr wieder Gottes Volk? Sind auch unsere Orte, unsere Länder solche, da sie Kinder des lebendigen Gottes genannt werden? Davon laßt mich euch in dieser Stunde etwas erzählen, und dann urteilt selbst, ob es der Mühe wert ist, den Juden das Evangelium und in diesem den Herrn Jesum Christ zu bringen, oder mit andern Worten Judenmission zu treiben.

Begleitet mich zuerst in eine große Stadt Deutschlands, in das Hochschulgebäude dieser Stadt, in einen Hörsaal dieses Gebäudes. Da steht an seinem Pult ein Professor der Theologie mit silberweißem Haar, man hält ihn für einen der größten Gelehrten, wenn nicht für den größten Gelehrten der Gegenwart; um ihn her eine Menge von Studenten, welche jedes Wort, das vom Munde ihres Lehrers kommt, begierig auffassen und nachschreiben, um in ihrem späteren Beruf das Gewonnene andern in weitem Kreis mitzuteilen. Sein Hauptbuch ist die liebe Bibel Alten und Neuen Testaments in hebräischer und griechischer Sprache. Begleiten wir ihn in sein Studierzimmer. Umgeben von einer Masse Bücher in allerlei Sprachen sitzt er da an seinem Pult und stellt seine Gelehrsamkeit in den Dienst des teuren Gotteswortes; und weil sein Herz voll ist von Jesu Liebe zu Israel, so geht sein Bestreben dahin, den Juden das Neue Testament in ihrer, in der hebräischen Sprache zugänglich zu machen. Soll unserm deutschen Volk die Bibel teuer und wert sein, so muß sie ihm in deutscher Sprache dargeboten werden, und wie herrlich hat ihm sein Martin Luther die Bibel verdeutscht, so daß man meint, es sei nicht eine Uebersetzung, sondern unser Herr Gott habe sein Wort in der deutschen Sprache geoffenbart! Da arbeitet denn der gelehrte Professor mit allem Fleiß daran, das Neue Testament in die hebräische Sprache zu übersetzen. Das Hebräische ist ja die heilige Sprache der Juden, es ist auch die Sprache ihrer Schriften, ihres Verkehrs, ihrer Geschichte, in ihren Erziehungsanstalten wird's gelehrt, es verbindet sie zu einem Volk. Fünf, zehn, ja zwanzig und dreißig Jahre gehen über dieser Arbeit hin, immer wieder wird sie durchgesehen, erwogen, verbessert, endlich nach vier Jahrzehnten im Jahr 1877 liegt sie vollendet da. Christliche Missionsfreunde ermöglichen den Druck. Die erste Auflage wird in mehreren tausend Exemplaren gedruckt, viele christliche und jüdische Gelehrte werden um Gutachten angegangen, immer wieder bessert der rastlose Uebersetzer; die zweite, dritte und vierte Auflage erscheint, das Buch wird stereotypiert, und schon sind acht Auflagen hinausgegangen, in vielen Tausenden von Exemplaren ist diese Uebersetzung verbreitet, eine Uebersetzung so ausgezeichnet, daß man meint, das Hebräische des Alten Testaments vor sich zu haben. Als die Arbeit seines Lebens bezeichnet diese Uebersetzung der Verfasser, es ist der greise Doktor und Professor der Theologie Franz Delitzsch in Leipzig, der Erneuerer der ev.-luth. Judenmission, welche seitdem wandelt in den Fußstapfen der von August Hermann Franke und Johann Heinrich Callenberg in Halle gegründeten lutherischen Judenmission des vorigen Jahrhunderts.

Doch betretet mit mir eine andere Stadt, welche sich in zwei Teile teilt, eine Christenhälfte und eine Judenhälfte, je mit etwa 50 000 Einwohnern. Wir begeben uns in das Judenviertel, wandern durch die engen Gassen, vorbei an lauter Kindern

Abrahams, Isaaks und Jakobs, den Juden mit ihren Patriarchen=
bärten, endlich gelangen wir in einen geräumigen Saal. An den
Wänden sehen wir hebräische Schriftzeichen, die ganze Rückwand
ist von den heiligen zehn Geboten bedeckt, wir befinden uns in
einer Judenschule, einer Synagoge. Vor uns steht ein altarartiger
Tisch und zu beiden Seiten die Lesepulte. Doch was sehe ich? An
dem einen Pult stehen die Worte: Glaube, Liebe, Hoffnung —,
am andern sogar: Ich bin der Weg, die Wahrheit und das Leben.
Noch mehr: auf dem einen Pult liegt eine Gesetzesrolle, das Alte
Testament, auf dem andern aber — man höre und staune — ein
Neues Testament in hebräischer Sprache. Ist das erhört in einer
jüdischen Synagoge? Es ist Sabbathmorgen, und eben beginnt der
Gottesdienst. Der Vorsteher der Gemeinde betritt das eine der
Pulte und spricht vor den das Haus füllenden Juden das Sünden=
bekenntnis: „Schuld häuften wir mehr denn irgend ein Volk,
Schande mehr, als je ein Geschlecht; gewichen von uns ist Freude,
dürre geworden unser Herz in unsern Sünden. Als Pfand ward
uns abgenommen die Stätte unseres Sehnens; — — — die
Gotteswohnung unseres Tempels ward zerstört wegen unserer
Missethaten, unsre Burg ward zur Einöde. — — Wir riefen
Dich an, HErr, unser Gott, aber Du bliebst uns fern um unserer
Sünden willen. Abgewandt hatten wir uns von Dir, gingen in
der Irre und waren verloren. Aber nun kehren wir zurück zu
Dir mit ganzer Seele und von Herzen. Unsere Frevelthaten
bekennen wir, unsere Sünden sind immerdar vor uns. Allmäch=
tiger Gott, Vater der Barmherzigkeit, erbarme dich über uns.
Bekehre Du, die da umkehren von ihrer Bosheit, nach den Ver=
heißungen, die Du den Menschenkindern kundgethan in Jesu,
dem Messias, unserem Herrn. Um Seinetwillen gieb, Vater
der Barmherzigkeit, daß wir wandeln vor Dir, heute und fürder=
hin in Gottesfurcht und Vollkommenheit zu Lob und Preis Deines
heiligen Namens." Ein solches Sündenbekenntnis aus jüdischem
Munde! Wohl habe ich's schon gehört das Sündenbekenntnis,
welches die Juden am großen Versöhnungstag in tiefer Trauer
ablegen, wohl hab ich's schon vernommen jene mark= und bein=
erschütternden Bußworte, welche die Juden jeden Freitag am Fuß
des Tempelberges zu Jerusalem mit Heulen und Klagen, mit
Geißeln und Selbstpeinigung zu Gott hinaufschreien, ein Klagen
über des Volks Sünden in Aegypten, in der Wüste, unter den
Königen und den Propheten, aber ein Klagen über die ärgste
Sünde des jüdischen Volks, daß es sein bestes Glied, seinen
Messias, den hochgelobten Sohn Gottes, verworfen, sich von ihm
losgesagt, gekreuzigt und ihn noch heute als den Thole, den
Gehenkten verflucht, das ist in einer Synagoge noch nicht vor=
gekommen. Erinnert das nicht an die Weissagung in Sach. 12, 10.:

Sie werden mich ansehen, welchen jene zerstochen, und werden sich um ihn betrüben, wie man sich betrübet um ein erstes Kind? Doch hört weiter! Der Vorsteher der Synagoge verliest ein alttestamentliches Gotteswort, dann aus dem Neuen Testament Joh§. 5, und hält eine Predigt über den Kranken am Teich Bethesda, natürlich alles in hebräischer Sprache. Bethesda ist's, das ist die Gnadenstätte, und in Bethesda die fünf Hallen. Mit Kranken sind sie gefüllt, bei den fünf Büchern Mosis liegen sie krank, die Glieder unsres Volkes, da die Decke Mosis, ja die des Talmud und der jüdischen Menschensatzungen auf ihnen liegt, sie sind krank, obgleich das Wasser in beständiger Bewegung ist, nun schon 1800 Jahre; stumpf geworden sind sie gegen das Gefühl ihrer Krankheit, weil sie die Kraft gesunden Lebens nie erfahren, und wollen aus diesen Hallen, von denen aus ihnen durch den Talmud der Ausblick auf das lebendige Wasser versperrt ist, gar nicht mehr hinaus. Da naht sich der Herr Jesus der Gnadenstätte, und frägt den Kranken: Willst du gesund werden, du, der du nicht bloß achtunddreißig Jahre, sondern achtunddreißig Jubeljahre krank liegst? Willst du endlich gesund werden? Seht hier, fügt er bei, auf jene Versammlung, seht auf die große Schar derer, die ihre Augen auf unsere Synagoge richten, und mit Begierde und sehnlichem Verlangen in dem Neuen Testament forschen, und höret den tausendstimmigen Wiederhall: Jesus, unser Bruder, den wir so lange gelästert, verschmäht und verkannt, hilf uns! ja, der du trugst unsre Krankheit, unsre Sünde, rette uns! Doch sag uns Näheres, denkt Ihr. Der Herd dieser Bewegung ist Kischinew zu Bessarabien, auch eine Frucht der langjährigen Missionssaat, welche der lutherische Pastor Faltin bei viel Achselzucken und Nasenrümpfen der Christen unter den Juden ausgestreut hat, und der Mittelpunkt dieser Bewegung ist der jüdische Advokat Rabinowitsch. Ein unter seinen Volksgenossen angesehener Mann, bemühte er sich schon lange, die Lage seines Volks zu verbessern. So wirkte er für Begründung einer Gesellschaft zur Beförderung des Ackerbaus unter den Juden Bessarabiens. In der Judenverfolgung 1882 trat er für Auswanderung in das heilige Land ein und unternahm eine Reise nach Palästina, um sich an Ort und Stelle über Mittel und Wege dazu zu unterrichten. Von Jerusalem kam er in seine Heimat mit der Losung zurück: „Der Schlüssel des heiligen Landes liegt in den Händen unsres Bruders Jesu. Die Worte unsres Bruders Jesus sollen in unsrem Herzen Wurzel schlagen und uns eine Frucht der Gerechtigkeit und des Heils bringen." Von nun an forschte er noch viel mehr im Neuen Testament als bisher, bis er endlich im Jahr 1885 durch die heilige Taufe ein Christ wurde. Der Messias ist nicht mehr zu erwarten, sondern er ist schon erschienen in Jesu von Nazareth, dieses Evangelium ruft er nun hinein unter sein Volk. Aber um seinen Volksgenossen recht nützlich zu sein, wollte er nicht, wie bisher gewöhnlich, mit seinen christgläubigen Volksgenossen in der bestehenden Christenheit sich verlieren, wollte nicht zugleich sein Volk verlassen mit seinem Glauben, und in der That ein Meschummed d. i. ein Ausgerotteter werden, wie die Juden in grimmigem Haß jeden Getauften nennen. Er sagte sich, wir sind ein Volk, sollens und wollens auch bleiben, wir wollen Juden sein, die ihren Messias gefunden haben; er will deshalb, nicht als ob's zum Heil notwendig wäre, sondern zur Unterscheidung von andern Völkern Beschneidung und Sabbath beibehalten wissen. Laut ließ er unter seinen Freunden und weiterhinaus den Ruf erschallen: Jesus, unser Bruder! Und welch einen Widerhall hat dieses Wort gefunden! Sonst spricht der Jude mit Haß und Verachtung von Jesus als dem תלוי, dem Gehenkten; zur Synagoge des Rabinowitsch aber strömen die Juden in Menge, schon früh morgens kommen heilsbegierige Juden und fragen bei Pastor Faltin nach Jesus, und immer größer wird diese Bewegung, von Süd und Nord, von Ost und West strömen sie herbei, um dieses Evangelium zu hören. Und woher benn diese merkwürdige Erscheinung? Judenmissionsfreunde, besonders Missionare haben sich schon lang mit Verwunderung gefragt, wohin diese viele Tausende von Exemplaren des Neuen Testaments nach der Delitz'schen Uebersetzung gekommen sind. Diese Bewegung unter den Juden gibt die Antwort. Unter die Juden sind sie gekommen, diese freuten sich dieses in ihrer heiligen Sprache, dazu in ausgezeichnetem Hebräisch geschriebenen Buches, und jemehr sie darin lesen, desto größer wird das Forschen und Fragen nach der Wahrheit. „Noch vor 50 Jahren, schreibt ein Missionar, fürchtete sich ein Jude, das Neue Testament auch nur anzurühren, als wäre es etwas ganz Verfluchtes, sagen ihnen doch die Rabbiner, daß ein Jude keine größere Sünde begehen könne, als wenn er das Neue Testament lesen würde. Sobald daher einer desselben auch nur ansichtig wurde, kam ein Gefühl des Abscheues und des Hasses über ihn, und man mußte froh sein, wenn er nicht in Lästerworte ausbrach. Wie freudig aber war das Herz eines Missionars damals bewegt, wenn es nach langem Bitten etwa vorkam, daß ein Jude ein ihm geschenktes Testament annahm; da dankte der Missionar Gott auf den Knieen für diesen unerwarteten großen Erfolg. Wie anders ist das heute geworden! Die geschenkweise Verbreitung des Neuen Testaments hat ganz aufgehört, und statt dessen strecken nun die Juden ihre Hände darnach aus und kaufen es bei Tausenden. In dem Jahr, da ich in Rumänien arbeitete, konnte ich auf meiner einen Station 2942 Neue Testamente oder Teile davon an Juden verkaufen. Ein Jude, der ein Exemplar der ganzen Bibel gekauft hatte, äußerte sich in Hinsicht des Neuen Testaments mir gegenüber: „Nirgends kann man ergreifenderen und herrlicheren Lehren begegnen, als in diesem Buch. Sie packen einem mit solcher Macht das ganze Herz, daß es fast unmöglich scheint, der Ueberzeugung, daß Jesus der Messias ist, zu widerstehen." O, sagte ein blinder Mann, lassen Sie mich doch das Buch betrachten! Darauf führte er es an seine Lippen und küßte es. „O, das ist Gottes Buch, das sagt die Wahrheit. Gott segne die Missionare, welche gekommen sind, uns Gutes zu thun." „Hier finde ich meinen Trost, sagte ein kranker, auf seinem Bett liegender Knabe, das ist die Quelle meines Friedens und meiner Hoffnung." Als ich eine arme Witwe frug, ob sie das Neue Testament auch lesen wolle, antwortete sie: „Lesen! Wer möchte nicht solch himmlische Worte mit Freuden lesen, die das Herz einer Witwe so trösten können!" Ein kranker jüdischer Lehrer bekannte öfters, daß er nur in Kraft völligen Glaubens an die Worte des Alten und Neuen Testaments das Kreuz, welches Gott auf seine Schultern gelegt, mit Geduld und Ergebung in seinen Willen tragen könne. Auf seinem Sterbebett sagte er: „Sie kennen meine Gesinnung; Sie wissen, was mir Kraft und Halt in meinem Leben gegeben hat. Sie wissen, was ich glaube und durch den Glauben an Wen ich weiß, daß ich selig werde."

Auch die Rabbiner können sich dem Einfluß dieses heiligen Buchs nicht entziehen. Einer zeigte dem Missionar sein Neues Testament, das deutliche Spuren fleißigen Gebrauchs verriet, und versicherte ihm, daß er seinen Predigten manche Worte von Jesus und seinen Aposteln zu grunde lege. Bei einem andern, dessen Predigtweise durch eifriges Lesen des Neuen Testaments einen ganz andern Stil gewann, schöpften die Besucher der Synagoge Verdacht, er neige sich zum Christentum, und als er in gleicher Weise fortfuhr, entließen sie ihn. Bevor er ein neues Amt antrat, kam er zum Abschied und sagte: Seien Sie überzeugt, ich bin entschlossen, mein Studium des Neuen Testaments fortzusetzen, und hoffe, es werde mich zur Annahme des Christentums führen." Und als sie nun hören, daß in einer Synagoge Kischinews dieses Evangelium verkündigt wird, strömts von allen Seiten dorthin, aus Rußland, Oesterreich, dem Morgenland, kommen die Juden, — in Kiew und andern Orten entstehen auch solche jüdische Synagogen — und Gott gebe, daß von diesem Mittelpunkt aus die Bewegung, das Fragen nach Jesus dem Christ auch zu den Juden unsres Landes bringe. Rabbinowitsch selbst aber bekennt: „Der Herr hat mir bis jetzt geholfen, allen Klassen zu bezeugen, was Moses und die Propheten gesagt haben, das da kommen sollte, und daß Christus der erste sein sollte, der von den Toten auferstehen würde, und ein Licht sein dem Volke und den Heiden. Unter dem Beistand Gottes habe ich den Segen, das Neue Testament in viele jüdische Familien gebracht, und Tausende von Israeliten setzen ihre Hoffnung der Seligkeit in das köstliche Blut Jesu Christi, welcher außen vor dem Thore Jerusalems gekreuzigt wurde, um der Sünde ein Ende zu machen und die ewige Gerechtigkeit einzuführen." Geliebte! Seit dem apostolischen Zeitalter ist so etwas nie vorgekommen, wie Morgenrot sieht's aus, neben unsern heidenchristlichen Gemeinden auch Gemeinden von Judenchristen. Ja, es soll geschehen, an dem Ort, da zu ihnen gesagt ward: Ihr seid nicht mein Volk, sollen sie Kinder des lebendigen Gottes genannt werden.

Aber was hat das mit unserer vaterländischen Judenmission zu schaffen? Wir arbeiten nun seit dem Jahre 1874, und seit dieser Zeit haben wir, soweit unsre geringen Kräfte es gestatteten, mitgeholfen. Unsre Mission hat nicht bloß den Juden Württembergs das Evangelium nahe zu bringen gesucht, sondern hat auch jüdische Proselyten gepflegt, welche durch ihre Taufe und Bekenntnis zu Jesu dem Christ ins Elend verstoßen wurden, und ist dadurch Christen wie Juden zum Segen geworden. Laßt mich das an einigen Beispielen zeigen. Ein ehemaliger Kaufmann ist's, der mir vor der Seele steht, einst in großen Geschäften mit gutem Erfolg thätig. Der Herr sucht ihn. Er gerät in große Not, und in der Not lernt er sich beugen vor Gott in Erkenntnis seiner Sünden, das Evangelium findet in seinem Herzen eine Stätte. Um seine Lauterkeit zu prüfen, muß er sich zur Schusterei bequemen, aber da er sich nach seiner Taufe bewährt, wird er Hausvater der Proselyten und arbeitet an den vielen Juden, die in Hamburg selbst wohnen und die über Hamburg nach Amerika wandern. Durch Umgang mit ernsten lutherischen Christen lernt er die Gnadengüter unserer teuren Kirche kennen, das reine Wort Gottes und Sakrament, und wird innerlich getrieben, nun auch den Schritt aus der reformierten in die lutherische Kirche zu thun. Infolge davon wird er jedoch seiner Stelle verlustig, kommt unter des Herrn Führung in unser Proselyten-Asyl nach Großingersheim, und steht nun nach Vollendung seiner Ausbildung als Pastor drüben an böhmischen evangelisch-lutherischen Gemeinden. Der Herr segne sein Werk an unsern Glaubensgenossen. Aber auch der Evangelisierung der Juden dienen wir mit unserer Arbeit. Vor etlichen Tagen erhielt ich einen Brief. Die Unterschrift stellt mir einen unserer Pfleglinge vor Augen, mit dem wir manches durchzumachen hatten; denn wenn schon der deutsche alte Mensch uns allen viel zu schaffen macht, noch viel mehr ist dies mit dem jüdischen alten Menschen der Fall. Ich erinnere mich, daß ich dem Betreffenden einmal geradezu sagen mußte, wenn es so fortgehe, werde er entlassen. Aber er hat doch Stand gehalten, und es ist etwas aus ihm geworden durch Gottes Gnade. Er steht nun in einer großen von Deutschen und Engländern bewohnten Stadt, um als Missionar unter den 43 000 Juden jener Stadt zu arbeiten im Dienste der evang.-luth. Kirche, und ist zugleich Professor am dortigen Predigerseminar. Auf seine Einladung fanden sich die Juden zahlreich ein, freilich gab's dabei große Störungen, und er wurde hernach auf der Straße mit Dreck und Steinen beworfen. In der zweiten Versammlung war das Gedränge, aber auch die Unruhe so groß, daß er nur mit Mühe zu Wort kommen konnte, und die Hilfe mehrerer Schutzleute in Anspruch genommen werden mußte. Bei der dritten Versammlung ward vollständige Ruhe hergestellt, obgleich sich wieder etliche zum Wort meldeten. Die vierte aber verlief in bester Ordnung und man konnte merken, wie der Redner seinen Stammesgenossen bereits Respekt eingeflößt hatte, was sich auch darin zeigte, daß sich in einer Woche vierzig Personen zu persönlichen Unterredungen einfanden. „Kein Rabbiner reicht ihm das Wasser", sagen die Juden verwundert von seinem Hebräisch, und andere möchten wissen, wie ein solch guter Jude ein Christ werden könne. Der Bruder bittet um Zusendung unserer Traktate. Möge die Gnade Gottes mit ihm und seinem Werk sein! Unsere Mission arbeitet jedoch seit jeher auch Hand in Hand mit jener Christentumsbewegung in Kischinew. Einer unserer Proselyten steht dort als Lehrer, Organist und Küster oder Meßner. Sodann sind wir bestrebt, judenchristliche Handwerksmeister für sie auszubilden. Das Handwerk ist jenen Gegenden ganz in den Händen der Juden. Wir müssen, darauf arbeitet Pastor Faltin schon seit Jahren los, christliche Handwerksmeister bekommen, um unseren Proselyten und der judenchristlichen Bewegung einen Halt zu geben.

So kam im Mai dieses Jahres einer unserer Proselyten, welche ein Handwerk erlernen, zu mir mit der Botschaft: Herr Pfarrer, nun habe ich ausgelernt, hier ist mein Brief, Handwerksbrief als Sattler und Tapezier. Was soll ich nun anfangen? Johannes, erwiderte ich, nun gehst du auf die Wanderschaft. Unsere Mission hat dich ausbilden lassen — in Ludwigsburg, nun verdienst du dir dein täglich Brot selber. Ich gebe dir Empfehlungen für Bayern, Oesterreich oder andere Länder, durch welche du wandern willst, aber das Ziel, auf welches du lossteuerst, ist Kischinew; in der dortigen Gemeinde sollst du dich als ein der dortigen Christentumsbewegung nützliches Glied niederlassen. So wandert nun der fromme, auch handwerkstüchtige Jüngling seinem Ziele zu. Das sind etliche Beispiele aus der Arbeit unserer Judenmission. Nicht wahr? Es ist der Mühe wert, eifrig die Arbeit fortzusetzen, damit überall, damit auch bei uns das Wort sich erfülle: An dem Ort, da zu ihnen gesagt ward: Ihr seid nicht mein Volk, sollen sie Kinder des lebendigen Gottes genannt werden. Amen.

Matth. 28, 18 - 20.

Christgläubige Versammlung!

Wir haben uns heute in unserer St. Martinskirche versammelt, um das heilige Sakrament der Wiedergeburt zu feiern, jedoch nicht wie gewöhnlich mit dem Kind christlicher Eltern, sondern mit einem jüdischen Jüngling, einem Glied des alttestamentlichen Gottesvolkes, welcher durch Gottes Gnade zum Glauben an Jesus von Nazareth als den Messias seines Volkes gekommen ist. Ist's da nicht genug an diesem Glauben, ist denn die Taufe notwendig? Ach, Gott sei's geklagt! wie manche gibt's unter uns, welche die Taufe als von Menschen erdacht und erfunden ansehen, die meinen, die Taufe sei ein Menschentand, nichts als ein äußerlich Ding, das keinem nütze sei! Dagegen seht unsere Texteswortean, da steht Gottes Gebot und Einsetzung, daß du sollst nicht zweifeln, die Taufe sei ein göttlich Ding. Da siehst du, die Taufe ist von Gott selbst eingesetzt, dazu ernstlich und streng geboten, daß wir uns müssen taufen lassen, oder sollen nicht selig werden. Deshalb begehrt unser Jüngling, der den vorbereitenden Taufunterricht nach Luthers Katechismus und unserer trefflichen Kinderlehre nebst Konfirmationsbüchlein erhalten, daß dieses Werk Gottes an ihm geschehe.

Denn im Namen Gottes getauft werden ist nicht von Menschen, sondern von Gott selbst getauft werden. Zwar sehen wir nichts als Wasser vor uns, und wie sollte eine Hand voll Wassers der Seele helfen? So sagen Lästerer, welche lauter Bubenstücke und des Teufels Gespötte daraus machen möchten. Doch halt! Wir wissen wohl, daß dieses Wasser nicht edler sei, als anderes Wasser; aber das Wort Gottes sagt uns Eph. 5, 26 durch den Mund St. Pauli: Die Taufe ist nicht schlecht Wasser, sondern Wasser in Gottes Wort gefasset und dadurch geheiligt, sie ist ein Gotteswasser, weil Gottes Wort und Gebot dazu kömmt. Darum ist's nicht ein natürlich Wasser, sondern ein göttlich, heilig, himmlisch und selig Wasser, und zwar um des göttlichen Worts, des Taufworts willen, das ein himmlisch, heilig Wort ist. Darum sagt auch 1 Petri 3, 21: Das Wasser macht uns selig in der Taufe. Das Taufwasser ist ein Mittel, dadurch Gott die

Kindschaft versiegelt und die Wiedergeburt wirkt. Tit. 3, 5—7. Es gibt zwar viele Christen, welche mit ihrer, der reformierten Kirche meinen, die Taufe sei nur ein Bild, ein Zeichen der Wiedergeburt, das nichts wirke und gebe, aber was hätte dann ein Jude an ihr? Ein Bild der Wiedergeburt hat er schon in seiner Beschneidung; wie gering stünde die heilige Taufe da, wenn sie nur gleich der Beschneidung im Alten Testament ein Schatten der Güter wäre Hebr. 10, 1, nur das Bild, nicht aber das Wesen der Güter selbst! Im Schatten lebt ein Jude stets, hängt doch über ihm die Decke Mosis 2 Kor. 3, 14 f., die Decke des Talmud. So ging's auch unserem Täufling. Er stammt aus einer Stadt Rumäniens, wo sein Vater als Rabbiner, Schächter und Vorsänger steht, und wurde im Talmud und den jüdischen Gebräuchen streng erzogen, aber eben das befriedigte seine Seele nicht. Ein unverstandenes Sehnen, verbunden mit der jüdischen Wanderlust trieb ihn aus der Heimat in die Ferne, er wollte sein Glück in Amerika versuchen. Mit Geld gut ausgestattet kam er nach Hamburg. Da ließ er sich von einem Juden überreden, mit ihm einen Handel zu beginnen, kam jedoch bei seiner Unerfahrenheit betrügerischer Weise durch jenen um all sein Geld. Nun stand er da arm und verlassen. Die Not lehrt beten, und Anfechtung lehrt aufs Wort merken Jes. 28, 19. So zubereitet nahm er das Evangelium von Christo, welches ihm ein unter Hamburgs Juden wirkender Judenchrist aus der Zahl unserer Proselyten brachte, dankbar an und ließ sich dann durch unsern Dienst weiter zu Christo führen. Die Juden suchen das Wesen der Güter, den wirklichen, wahren Christus der Schrift, und weil sie den in unserer lutherischen Kirche finden, weil sie auch in unserer biblischen Lehre von der Taufe das Wesen finden, nicht bloß Schatten und Bild, deshalb freuen sich so manche, gerade Glieder unserer Kirche werden zu dürfen.

Doch das führt uns auf den dritten Punkt, was denn die Taufe nütze, wozu sie eigentlich da sei. Durch die Taufe wird unser Täufling zunächst in die christliche Kirche aufgenommen, wie er einst durch die Beschneidung ein Glied vom Volk des alten Bundes wurde. Deshalb stehen auch um ihn herum vor dem Altar acht Taufpathen, sechs männliche und zwei weibliche, als Zeugen und Vertreter der christlichen Kirche. Wie groß ist diese Wohlthat für unsern Täufling, nicht mehr ein Fremdling und Pilgrim sein zu müssen, aufgenommen zu werden unter das Volk des neuen Bundes, unter das auserwählte Geschlecht, das königliche Priestertum, unter das heilige Volk, das Volk des Eigentums 1 Petr. 2, 9., ein Glied zu werden der heiligen Kirche, von der wir bekennen: ich glaube an eine, heilige, katholische, apostolische, christliche Kirche, die Gemeinschaft der Heiligen. Aber wenn nur daß der Nutzen der Taufe wäre, wie wenig brächte sie uns doch im ganzen! Gott sei Dank, die Bibel sagt's uns noch ganz anders. Unser Texteswort lautet: der wird selig. Darum fasse es aufs allereinfältigste also, sagt deshalb unser Vater Luther in seinem großen Katechismus, daß dieses der Taufe Kraft, Werk, Nutz, Frucht und Ende ist, daß sie selig macht, denn man täufet niemand darum, daß er ein Fürst werde, sondern wie die Worte lauten, daß er selig werde. Selig werden aber weiß man wohl, daß nichts anders heiße, denn von Sünden, Tod, Teufel erlöset, in Christus Reich kommen und mit ihm ewig leben; oder wie es unser Konfirmationsbüchlein so schön ausdrückt, durch die heilige Taufe schenkt uns Gott seine Gnade, Vergebung der Sünden, Kindschaft Gottes und Erbschaft des ewigen Lebens. Und damit du nicht meinst, das seien bloße Worte, so frag einmal einen Proselyten nach seiner Taufgnade; der wird voll Lob und Dank zum Preise Gottes bekennen, wie er wirklich bei seiner Taufe Seligkeit erfahren habe. Ein Zeichen davon soll der Name sein, den er sich gewählt, sein Name Moses Paulus. Moses, sein alter Name, erinnert an den alten Bund, ja an die Decke Mosis, an den Schatten und die Finsternis des Judentums mit seinen Menschensatzungen, seinem Talmud, aus dem will er heute ausgehen, will ihm den Abschied geben, aus dem versetzt ihn durch die Taufe der heilige Dreieinige Gott heraus, und hinein in den neuen, der durch seinen Namen Paulus bezeichnet wird, heraus aus Moses, hinein in Jesus Christ, aus der Sünde in die Gnade, aus der Gerechtigkeit des Gesetzes in die Gerechtigkeit des Glaubens, von Sinai nach Golgatha. Doch will unser Täufling beide Namen behalten: Moses Paulus. Damit will er sagen: wenn ich auch der Gesetzesgerechtigkeit den Abschied gebe, und ohne Verdienst gerecht werden möchte aus Gottes Gnade durch die Erlösung, so durch Christum Jesum geschehen ist, so will ich doch bei den Verheißungen Mosis, des alten Bundes bleiben, denn die weisen mich ja gerade auf den von Paulus gepredigten Jesum als den Christ, als den Propheten, Hohenpriester und König. Ja Moses Paulus, Gott gebe, daß du diesen Namen nicht umsonst trägst, sondern daß er stets im Buche des Lebens aufgezeichnet stehe.

Aber eins dürfen wir nicht vergessen, daß es heißt: wer da glaubt und getauft wird. Es gibt Klüglinge, die neuen Geister, welche fürgeben, der Glaube macht allein selig, das äußerliche Ding, die Taufe thut nichts dazu. Ja wohl, nichts in uns thut, als der Glaube. Aber das wollen die blinden Leiter nicht sehen, daß der Glaube etwas haben muß, daß er gläube, daran er sich halte, darauf er stehe und fuße. Also hangt der Glaube am Wasser und gläubt, daß die Taufe sei, darin eitel Seligkeit und Leben ist. Wenn ich nun solches gläube, was gläube ich anders, denn an

Gott, als an den, der sein Wort darein gegeben und gepflanzt hat? Wer die Taufe verwirft, der verwirft Gottes Wort, den Glauben an Christum, der uns dorthin weiset und an die Taufe bindet. Also nicht der Glaube macht die Taufe, sondern das macht das über das Wasser gesprochene und mit dem Wasser verbundene Einsetzungswort Christi, aber der Glaube eignet sich die Taufe an, der Glaube macht allein würdig, das heilsame, göttliche Wasser nützlich zu empfahen. Gott sei gelobet, daß er unsern Täufling dazu gebracht, den ihm in der Taufe dargebotenen Herrn Christum im Glauben zu ergreifen. Durch Mosis Gesetz ist er zur Erkenntnis der Sünde gekommen Röm. 3, 20., durch das Evangelium der Apostel, besonders St. Pauli zum rechtfertigenden Glauben an Jesum den Christ, den Messias.

Aber hierin liegt zugleich die Taufverpflichtung nach Röm. 6, 4. Bleibe im Taufbund! Wie in uns Getauften allen, so so soll auch in dir der Moses, der alte Adam durch tägliche Reue und Buße ersäuft werden und sterben mit allen Sünden und bösen Lüsten, und wiederum täglich herauskommen und auferstehen der Paulus, ein neuer Mensch, der in Gerechtigkeit und Reinigkeit vor Gott ewig lebe. Das walte Gott Vater, Gott Sohn, Gott Heiliger Geist! Amen.

Johs. 1, 29—51.

Eine liebliche Geschichte ist's, welche uns in diesen Worten der Heiligen Schrift berichtet wird. Johannes erzählt hier seine eigene Berufung, sowie diejenige anderer Jünger des Herrn Jesu, und diese ist ihnen so eindrücklich geblieben, daß St. Johannes nicht bloß das Berufungswort des Täufers Johannes und des Herrn Jesu angibt, sondern auch den Ort, den Tag, ja die Stunde, zu welcher das geschah, eine selige Stunde für ihr ganzes Leben. Das sind die seligen Wege des Herrn mit Menschenseelen. Diejenigen, von denen hier die Rede ist, sind aber Juden, Israeliten, und so paßt dieses Gotteswort besonders heute für uns, da wir uns in unsrem Gotteshaus versammelt haben, um ein Kind Israels, das zum Glauben an Jesum von Nazareth als den Christ, den Sohn Gottes gekommen ist, durch die heilige Taufe in die Gemeinschaft des dreieinigen Gottes und der Christenheit aufzunehmen. Unter diesen Jüngern des Herrn Jesu ist's besonders einer, auf welchen ich eure Aufmerksamkeit lenken möchte, nämlich Nathanael, und zwar deshalb, weil unser Täufling gerade diesen Namen als seinen Taufnamen wünscht. Als Philippus den Nathanael findet, spricht er zu ihm: Wir haben den gefunden, von welchem Moses im Gesetz und die Propheten geschrieben haben: Jesum, Josefs Sohn, von Nazareth. Nathanael erwidert: Was kann von Nazareth Gutes kommen? Hier sehen wir zuerst Nathanaels Unglauben, seine Sünde. Der heutige zehnte Sonntag nach Trinitatis, an welchem die Christenheit das Andenken an jenes furchtbare Strafgericht Gottes, die Zerstörung Jerusalems, begeht, ist laut redender Zeuge davon, Zeuge von der Sünde der Juden, deren Maß voll wurde durch die Verwerfung ihres Messias, des Sohnes Gottes, Zeuge auch vom Zorn und Gericht über die Sünde seines auserwählten Volks. Und wenn der Herr Jesus dem Nathanael auch das Lob giebt: Siehe, ein rechter Israeliter, in welchem kein Falsch ist, so steckte dieser doch von Natur auch drinnen in dieser Sünde seines Volks, gegen welche schon die heiligen Propheten, besonders aber der Herr Jesus und die heiligen Apostel so scharf zeugen. Auch unser Täufling stand mitten drinnen in diesen Sünden und diesem Gericht, unter der Decke Mosis und der pharisäischen Menschensatzungen im Talmud, in welchen er von Jugend auf erzogen ward, hatte ein Sehnen nach Erlösung, aber den Erlöser Jesum von Nazareth verwarf er. Der Herr aber sieht auch dieses Sehnen an, und diejenigen, welche rechte Israeliten, in denen kein Falsch ist, weiß er zur Erkenntnis seines Sohnes, zum Frieden in Christo zu bringen.

Wie er das thut, sehen wir am Exempel Nathanaels. Zu dem tritt Philippus mit dem Wort: Komm und siehe es! Der Herr Jesus braucht Menschen als Werkzeuge, um Sünder zu sich, zu Buße und Glauben zu bringen, Menschen, Sünder wie wir, aber zugleich solche, welche Den gefunden haben, von welchem Moses im Gesetz und die Propheten geschrieben haben: Jesum, Josefs Sohn, von Nazareth, Zeugen der Wahrheit, Prediger des Evangeliums. Solche menschliche Werkzeuge hat der treue Heiland auch an unsrem Täufling gebraucht. Das waren einmal gläubige lutherische Jünglinge, welche mit ihm das Gymnasium in Riga besuchten und ihn noch später ermahnten, er soll doch nicht länger zögern, zu Christo zu kommen. Was können doch wirklich christliche Jünglinge ungläubigen Mitschülern oder Kameraden zum Segen werden! Dann war es der evangelisch-lutherische Religionslehrer am Gymnasium, dessen Unterricht er hie und da freiwillig beiwohnte; durch diesen erhielt er den ersten Eindruck vom Herrn Jesus, als er von den Thaten und Wundern Jesu erzählte. Er frug darauf seinen Rabbi, ob wirklich ein Jesus existiert habe, dieser antwortete mit Ja, fügte aber bei nach jüdischer Art, das sei der verabscheuungswürdige Gehenkte, der Thole, und allerlei jüdische Mährchen; doch blieb dem Jüngling eine Begierde, die Wahrheit über Jesus zu erfahren, obgleich ihm von den Seinen verboten wurde, den christlichen Religionsunterricht oder christliche Gottesdienste zu besuchen, sogar geheime Wächter gegen ihn aufgestellt waren. Die eigentliche Wegweiserin aber wurde für ihn die Judenmission, unsre evangelisch-lutherische Judenmission, die Mission, welche von den Christen so scheel angesehen, so gering geachtet, verachtet und verspottet wird. Er kam durch Gottes Fügung nach London, Hamburg, suchte Hilfe bei uns württembergischen Freunden Israels, wurde in unser Proselytenasyl zu Großingersheim aufgenommen und hat da den Herrn Jesum gefunden. Komm und siehe es! diese Einladung an die Juden aus dem Mund von solchen, die Israel lieben, ist also nicht umsonst.

Unser Text sagt uns aber auch, was wir den Juden bringen sollen. Wir haben den gefunden, von welchem Moses im Gesetz und die Propheten geschrieben haben: Jesum, Josefs Sohn, von Nazareth. Also das Gesetz Mosis und die Propheten, das Alte Testament ist's. Und doch, ist das nicht den Juden ein teures Buch, ein Buch, das manche viel lesen und auswendig lernen? Allerdings, aber so viel es auch in ihren Schulen gelesen und von ihren Rabbinern erklärt wird Ap. 15, 21., es hängt die Decke Mosis vor ihren Augen und der Schleier der jüdischen Menschensatzungen, des Talmud, daß sie mit sehenden Augen nicht sehen und mit hörenden Ohren nicht hören. Es geht ihnen, wie unsern ungläubigen christlichen Gelehrten, welche das Alte Testament studieren, aber in ihrer Blindheit nichts oder gar wenig von Christus im Gesetz und den Propheten finden Luc. 24, 25. Und doch ist Christus der Stern und Kern des Alten Testaments, Gesetz und die Propheten weisen auf Christus, nur auf Christus. Seht, Christum als den Inhalt des Gesetzes und der Propheten sollen wir den Juden bringen. Bring einer Judenseele in diesem Sinn das Gesetz, dessen Mittelpunkt die heiligen zehn Gebote sind, es wird sie zur Erkenntnis der Sünde und zur Buße führen Röm. 3, 20.; zeig ihr aber dann auch, wie das ganze Gesetz Mosis auf Christum weist, wie das Alte Testament voll ist von Weissagungen auf den Messias, fang an von Mose und allen Propheten und leg ihr alle Schriften aus, die von Christo gesagt sind Luk. 24, 21., sie wird durch das Wort Gottes zum Glauben an den verheißenen Christus der Schrift kommen. Wie groß ist aber nun vollends die Freude eines Israeliten, wenn er in das Neue Testament eingeführt wird, wenn er da Jesus von Nazareth kennen lernt, und findet, daß dessen Bild ganz und gar übereinstimmt mit dem Bild des von Mose und den Propheten verheißenen Christus! Da wird er im freudigen Glauben mit Philippus ausrufen: Wir haben Den gefunden, von welchem Moses im Gesetz und die Propheten geschrieben, Jesum, Josefs Sohn, von Nazareth.

Doch was ist's für ein Christus, den wir den Juden im Wort Gottes bringen sollen, welches ist sein Bild? Zwei Worte besagen uns das, einmal Johannis Baptists Wort: Siehe, das ist Gottes Lamm; sodann das andere: Rabbi, du bist Gottes Sohn, du bist der König von Israel. Das eine stellt Jesus Christus dar in seiner Niedrigkeit, das andere in seiner Hoheit, das eine als den Sündentilger, Versöhner (Jes. 53.), das andere in seinem Sieg, das eine in seinem hohepriesterlichen, das andere in seinem königlichen Amte. Das ist der wahre Christus der Schrift, und der nur kann uns Allen, der nur kann den Juden helfen.

Vergiß neben dem Christus in seiner Hoheit nicht den Christus in seiner Niedrigkeit. Rabbi, wo bist du zur Herberge? fragen die Jünger Vs. 41. Die Füchse haben Gruben und die Vögel unter dem Himmel haben Nester; aber des Menschen Sohn hat nicht, da er sein Haupt hinlege, antwortet der Herr Luc. 9, 58. Christi Niedrigkeit und Leiden erwarten einen jüdischen Proselyten, er muß buchstäblich verlassen Häuser, Brüder, Schwester, Vater, Mutter, Weib, Kinder, Aecker um Christi und des Evangeliums willen. Matth. 19, 29. Mark. 10, 29. Auch unser Täufling ist von seinem Volk und den Seinen verstoßen und verflucht, und ist, der Sohn eines reichen Kaufmanns und Fabrikanten, arm geworden um Christi willen. Dazu ergehts diesen Judenchristen in der Christenheit oft, wie ein Freund Israels neuestens geschrieben: „Die evangelischen Gemeinden haben kein Herz für das Elend der Juden und hassen den getauften Juden gar doppelt." Und doch Christo nach wird auch ein Israelite im Glauben ein Christoforus, ein Christusträger.

Aber unser Text weist uns noch auf ein anderes hin, nämlich auf die Taufe, nicht die Wassertaufe Johannis Baptists, sondern die Geistestaufe Christi. Der Herr kommt in zweierlei Gnadenmitteln, im Wort Gottes und im Sakrament zu uns, und an das Sakrament der heiligen Taufe hat er den Eintritt ins Himmelreich geknüpft. Einen neuen Menschen schafft der Herr aus dem Täufling durch Wasser und den heiligen Geist, vergibt ihm seine Sünden, nimmt ihn auf in den Gnadenstand als Kind Gottes und Erbe des ewigen Lebens. Welch herrliches Sakrament, mit welch herrlichen Gnadengütern!

Deß soll ein Zeichen sein der Name, den sich unser Täufling mit Gebet unter dreien durchs Loos ausgewählt: Moses ist sein alter Name, ein Zeuge seines alten Standes unter dem Gesetz, unter der Sünde, unter dem Talmud, Nathanael, d. h. Gabe Gottes, sein neuer, als Zeuge dessen, was Gott aus ihm macht und ihm schenkt. Aber den Namen Moses will er auch behalten, da Moses und die Propheten den Messias geweissagt, Nathanael aber hat gefunden, was diese verheißen, Jesum den Christ. Ja täglich töte — Kraft der Taufe deinen alten Menschen, welcher in der Taufe stirbt, damit täglich herauskomme der neue Mensch, der da lebet in Heiligkeit und Gerechtigkeit vor Gott! Amen.

Luc. 9, 11—17.

Geliebte in dem Herrn!

Wie viele sind doch schon durch diese Geschichte der wunderbaren Speisung von fünftausend Mann mit fünf Gerstenbroden und zween Fischen in den Zeiten der Not und des Mangels so gestärkt worden, daß sie mitten in der Not wieder anfingen, neue Schritte zu thun! Und ja, sie ist es wert, diese Geschichte: zeigt sie uns doch den Herrn Jesus in seiner Güte und in seiner Macht — seiner Güte, wonach er denen, die in der Not sind, helfen will, aber auch seiner Macht, wonach er ihnen helfen kann. Doch das ist's nicht, was ich euch diesmal an's Herz legen möchte, sondern etwas anderes. Unser Texteswort steht im zweiten Hauptabschnitt des Evangeliums St. Lucä. In diesem ist erzählt, wie der Herr seine Zwölfe beruft und aussendet, das Evangelium vom Reich unter Israel, den Juden zu verkünden, wie er ebenfalls die Siebenzig ausschickt und ihnen Macht über die unsauberen Geister gibt, sowie Kranke zu heilen. Beiden erteilt er zu ihrer Mission Anweisungen, Verhaltungsmaßregeln, Instruktionen; es enthält sonach der Abschnitt Anweisungen des Herrn Jesus zur rechten Missionsthätigkeit, und mitten drinnen steht nun auch unser Text. Der Herr ist in der Wüste, umgeben von fünftausend Mann, die seine Predigt hören. Vom frühen Morgen an steht er da, aus dem Morgen wird der Mittag, aus dem Mittag der Abend, noch predigt der Herr, noch hören die Tausende von Zuhörern. Er kann nicht genug bekommen zu predigen, und sie nicht genug zu hören; ja sie vergessen ob dem Hören ganz Speise und Trank. Da wird's den Jüngern zu lang, und sie meinen bei den Zuhörern auch ein Verlangen nach leiblicher Speise und Trank zu bemerken. Sie treten zu dem Herrn und sagen ihm: Du vergißt dich ganz und bedenkst nicht, daß dies große Volk auch leiblichen Hunger und Durst hat. So laß das Volk, daß sie hingehen in die Märkte umher und in die Dörfer, daß sie Herberge und Speise finden; denn wir sind hier in der Wüste. Der Herr antwortete ihnen: Gebt ihr ihnen zu essen! und will ihnen damit sagen: In eurer Gemeinschaft hat dies Volk geistliche Güter, das seligmachende Evangelium erhalten, und nun es ob dem Annehmen desselben

4*

in leibliche Not gekommen ist, wollt ihr es einfach fortschicken? Das Größte und Höchste wollt ihr ihm geben, aber das Kleinste ihm vorenthalten, mit der Entschuldigung, wir haben selbst nicht viel, kaum für uns zu essen, nur fünf Brote und zween Fische, davon können wir andern nichts mitteilen? Nein, sagt der Herr, gebt ihr ihnen zu essen! und legt es damit als Pflicht auf uns Christen hin, daß wir denen, die ob der Annahme des Evangeliums und dem Glauben an den Herrn Jesum in äußere Not und Trübsal geraten, helfend beistehen, bis sie im Stande sind, sich ihr täglich Brot auf ehrliche Weise wieder selbst zu erwerben.

Darnach wird auf dem Gebiet der Heidenmission schon längst gehandelt. Da ist etwa ein Missionar, welcher in irgend einem heidnischen Land den Samen des göttlichen Wortes ausstreut, ein Heide wird davon erfaßt und bittet den Missionar, er möge ihm weiteren Unterricht erteilen und ihn durch die heilige Taufe in die christliche Kirche aufnehmen; aber, fügt er hinzu, sobald das mein heidnischer Gutsherr erfährt, jagt er mich weg, und wo soll ich dann den Unterhalt für mich und meine Familie erwerben? Ich bitte dich, hilf mir! Wird da wohl der Missionar antworten: Geistliche Güter will ich dir wohl geben, aber was dein irdisches Fortkommen betrifft, so gibt es in der Umgegend Städte, Märkte und Dörfer, sieh, wie du dich da mit den Deinen fortbringst? Würde er das thun, so würden wir ihm sagen: Du verkennst ganz deine Aufgabe, du mußt froh sein, wenn Heiden zu dir kommen mit der Frage: was muß ich thun, daß ich selig werde? mußt dich ihrer annehmen, nicht aber sie unnötiger Weise wieder fortschicken. Nein, ich denke, er wird sie erinnern, daß gerade auch deshalb ihm die Christen aus der Heimat Missionsbeiträge senden, damit er solchen Heiden, die um des Glaubens an Jesum willen in leibliche Not und Trübsal geraten, helfend beistehen könne. Anders ist das in der Judenmission. Man fürchtet hier, es könnten durch äußere Hilfe manche Israeliten verleitet werden, aus unehrlichen Gründen und um irdischen Vorteils willen die Mission aufzusuchen und Unterricht zu begehren, als ob es nicht gerade bei sorgfältiger geistlicher Pflege sich bald herausstellte, ob einer wegen des geistlichen oder wegen des leiblichen Brots gekommen. Der Herr, welcher ein andermal die Menge, die ihn um irdischen Brots willen aufsuchte, zurückweist mit scharf tadelnden Worten Johs. 6, 26 f., ruft uns hier zu: Gebt ihr ihnen zu essen! Gerade bei den jüdischen Proselyten ist dies am notwendigsten. Denn bekehrt sich ein Jude zu dem von seinem Volk gekreuzigten Jesus, dem „Gehenkten", und fällt ihm als dem Christ, dem Messias, zu Füßen, dann wird er von seinen Volksgenossen verlassen, von seiner Familie verstoßen, und muß froh sein, wenn er mit dem bloßen Leben davon kommt. Da geht oft wörtlich in Erfüllung, was der Herr Jesus Matth. 19, 29. vom Verlassen der Häuser, oder Brüder, oder Schwestern, oder des Vaters, oder der Mutter, oder des Weibes, oder der Kinder, oder der Aecker sagt. Wer wissen will, was es um den Fanatismus der Juden ist, heute, wie ehemals, der lese nur in der Apostelgeschichte, was einer der größten jüdischen Proselyten, die es je gab, was der rabbinisch geschulte Apostel St. Paulus von ihnen zu erdulden hatte. Ja das jüdische Gesetz (Moses Maimonides, Hilkhoth Nanach Kap. 4, vgl. Schulchan, Aruth, Choschen, Mischpat 425 und Jore Dea 158) sagt geradezu: „Es ist geboten, die Judenchristen zu töten. Wenn man im Stande ist, sie mit dem Schwerte öffentlich zu töten, so thut man es; wenn nicht, so komme man mit Hinterlist über sie, bis man ihren Tod zu wege bringt."

Laßt euch das an etlichen Beispielen klar machen! Die Juden, welche sich zu Jesus, dem Christ, bekehren, sind teilweise Rabbiner. Ein Rabbi ist ein bei den Juden gar angesehener Mann, so angesehen, daß die Ehre, die man ihm erweist, manchmal an die göttliche Verehrung streift. Denkt euch nun, ein solcher Rabbi wird ein Christ. Alsbald wird er von den Juden hinausgeworfen werden aus Haus und Amt, verliert sein Einkommen, was er ist und hat; gestern noch der angesehenste Mann, wird er heute von ihnen verachtet und geschmäht, und muß oft froh sein, wenn er nur das nackte Leben rettet. Bei wem anders soll er Hilfe suchen, als bei den Christen? Aber was geben die ihm um seine rabbinische Gelehrsamkeit! Mit der kann er kein Prediger des Evangeliums sein. Da sagt der Herr: Gebt ihr ihnen zu essen, und unterstützt diese um ihres Glaubens willen Verstoßenen, bis sie im Stande sind, auf redliche Weise für sich und die Ihrigen ihr täglich Brot zu erwerben. Einer der ersten Juden, welcher durch den Dienst des Pastors Faltin in Kischinew zur Erkenntnis des Herrn Jesus Christus kam, war der frühere Rabbi Gurland. Durch das Lesen von Jes. 53 gelangte er zum Glauben. Sobald er denselben bekannte, wurde er von seinen Religions- und Volksgenossen aus Amt und Würden, aus Haus und allem hinausgeworfen. Er wandte sich in seiner Not an Pastor Faltin: aber was sollte dieser mit ihm und seiner Familie anfangen? Faltin richtete seine Blicke auf Deutschland; denn, dachte er, die vielen Missionsfreunde in Deutschland werden nicht bloß ein Herz für Heiden-, sondern auch für Judenmission haben. Zuerst wandte er sich nach Leipzig. Durch Gottes Gnade, schrieb er etwa, ist es mir gelungen, einen frommen und gelehrten Rabbi zum Glauben an den Herrn Christus zu bringen, und nun ist es sein höchster Wunsch, ein Prediger des Evangeliums zu werden; bei Euch wird's wohl ein Plätzlein für ihn geben, wo er sich dazu bereiten kann. Nein, hieß es, wir leiden schon genug unter den Juden, wir können nicht noch neue herkommen lassen. Dieselbe Antwort kam von andern Städten. Endlich thut sich eine Thüre in Berlin auf, da tritt er ein, bereitet sich zum Predigtamt, und nun steht er als Oberpastor an der großen evangelisch-lutherischen Gemeinde zu Mitau in den russischen Ostseeprovinzen. Was, sagte er kürzlich zu einem besuchenden Missionsfreund, dem Doktor Hardeland, Direktor der ev.-luth. Mission zu Leipzig, Sie meinen, es sei mit der Mission unter Israel nichts? Nein ich kenne mehr als vierzig Rabbiner in meiner Umgebung, die sich heute zu Christo bekehren würden, aber, fügte er hinzu, was fang ich mit ihnen an? Alle müssen Haus und Hof, Amt und Würden verlassen und den Wanderstab ergreifen, und wo sind dann die Christen, welche sich dieser Armen annehmen und für sie sorgen? Geliebte! nicht das ist's, daß die Judenmission nichts wirkt, sondern das, daß wir Christen der Pflicht gegen solche Verstoßene nicht gedenken, der Pflicht, welche der Herr auf uns hinlegt mit den Worten: Gebt ihr ihnen zu essen!

Oder sind die Juden, die sich zu Christo bekehren, Talmudisten. Diese sind nicht so gelehrt wie die Rabbiner, haben aber doch auch von Jugend auf dem Studium obgelegen. In den jüdischen Gemeinden finden sich nämlich neben der Judenschule (Synagoge) ein oder etliche Zimmer, in welchen sich diejenigen Jünglinge der betreffenden Gemeinde täglich versammeln, welche den Talmud, das jüdische Religionsbuch, studieren wollen unter Anleitung eines gelehrten Juden. Ferne davon, daß diese je Not leiden müßten, rechnet sich's jede Gemeinde zur Ehre an, recht viele solcher Talmudisten in ihrer Mitte zu haben, und unterstützt sie mehr als genug. Aus ihnen werden später Religionslehrer, Lehrer, Vorsänger, Schächter u. dgl. mehr. Denkt euch nun, ein solcher Talmudist wird ein Christ. Alsbald wird er von den Seinen hinausgestoßen, und steht da arm und verlassen. Er kommt zu den Christen: aber die mißtrauen ihm, und ziehen die Hand von ihm ab. Wahrlich, da besinnt sich mancher, ob er diesen Schritt wagen soll. Am Anfang des vorigen Jahrs klopfte es an meiner Thüre. Auf mein Herein! stand ein junger Mann vor mir, dem ich alsbald den Israeliten ansah. Schon 1873 wurde er getauft, und man könnte denken, es wäre ihm seit dieser Zeit möglich gewesen, zu einem festen Beruf zu gelangen, doch war dem nicht so. Welch ein Ernst es ihm mit seiner Taufe war, sieht man daraus, daß er alles dran geben mußte, Weib und Kind, seinen Hausstand, ein Vermögen von etwa zehntausend Mark, seinen Beruf und ganze Stellung, seine Verwandtschaft und Freundschaft — mit einem Stab in der Hand zog er hinaus in die weite Welt. Da er als Talmudist von Jugend auf nur studiert, war sein höchster Wunsch, ein Prediger des Evangeliums zu werden. Es gelang ihm auch endlich, in ein englisches Predigerseminar einzutreten, aber in Folge von Not und anderen widrigen Umständen wurde er geisteskrank, zwar aus der Irrenanstalt geheilt wieder entlassen, jedoch in das Predigerseminar nicht mehr aufgenommen, und nun kam er auf seiner Wanderschaft auch zu uns und bat um Aufnahme. Ach, dachte ich, wäre dieser Mann vor seiner Krankheit zu uns gekommen, und hätte der Herr es gefügt, daß unsere Judenmission früher hätte mit ihrer Proselytenpflege beginnen können, aus diesem feurigen, begabten Jüngling wäre etwas zu Gottes Ehre geworden. Darum mahnt der Herr Jesus auch in Beziehung auf solche Talmudisten: Gebt ihr ihnen zu essen!

Andere Israeliten, welche sich zu Christo bekennen, gehören dem Handelsstande an. Da, denkt mancher, kann das Christwerden doch keine besonderen Schwierigkeiten im Gefolge haben. Und doch weiß ich von einem jüdischen Kaufmann unseres Landes, der nicht mehr weit ist von Christo: aber, sagt er, werde ich ein Christ, so muß ich mein Geschäft ganz anders betreiben, als bisher; wer aber weiß, ob ich so in unserer schweren Zeit nicht Bankerott mache, und dann neben dem Schaden noch den Spott bei Juden und Christen habe? Was würdet ihr sagen, wenn ein Handelsjude als Christ noch auf die gleiche Weise mit euch handelte, wie als Jude? Einer unserer Proselyten stammt aus einer angesehenen jüdischen Familie. Herangewachsen gründete er mit seinen Brüdern ein kaufmännisches Geschäft. Dieses führte ihn auch in die Türkei. Bisher hielt er die Christen für Götzendiener, da er in seiner Heimat öfters gesehen, wie sie sich vor dem Bild des Gekreuzigten oder vor Heiligenbildern niederwarfen, um, wie er meinte, die Bilder anzubeten. In der Türkei erfährt er, es gebe auch Christen, welche ein reineres Christentum hätten und sich nach dem Reformator Luther lutherisch nennten. Man wies ihn zu Pastor Faltin nach Kischinew. Der mißtraute und wollte ihn nicht aufnehmen. Es ist mir nicht um leibliche Versorgung zu thun, ich zahle Ihnen dafür monatlich vierzig Rubel, erwiderte er, geben Sie mir nur christlichen Unterricht. Er empfing nun Taufunterricht und wurde durch die heilige Taufe in den Gnadenbund des dreieinigen Gottes aufgenommen, aber darauf von den Seinigen verstoßen, und mußte alles dahinten lassen, nur um sich und seinen Glauben zu retten. Er wandte sich an uns, da er das Gärtnerhandwerk erlernen wollte. Wir halfen ihm, und nach verhältnismäßig geringen Opfern, die unsre Mission brachte, hat er nun in diesem Beruf sein tägliches Brot. Seht da den Segen des Herrn für uns Christen, wenn wir seine Mahnung befolgen: Gebt ihr ihnen zu essen!

Noch könnte ich euch andere unserer Proselyten aus diesem Stand vorführen, z. B. den zwanzigjährigen Sohn eines jüdischen

Kaufmanns, der sich lieber aus dem Hause seiner Eltern jagen ließ, als dem Messias untreu zu werden, von dem schon Moses im Gesetz und die Propheten geschrieben haben, Jesu, Josephs Sohn, von Nazareth Joh. 1, 45, der keinen Pfennig von seinen Eltern mehr sehen darf, sondern arm geworden ist um Jesu willen 2 Kor. 8, 9. Phil. 3, 7: aber laßt uns diejenigen jüdischen Proselyten, Judenchristen, nicht vergessen, welche dem Handwerkerstande angehören. Im August 1877 stand vor dem Taufstein einer christlichen Kirche ein israelitischer Schreiner mit seinem Weib und acht Söhnen. Das war erhebend, wie diese Kinder Abrahams, Isaks und Jakobs, eines nach dem andern, ihren Glauben an den von ihrem Volk verworfenen Jesus den Christ bekannten, und dann durch die heilige Taufe, als das Bad der Wiedergeburt Tit. 3, 5, von Sünden abgewaschen in die Gemeinschaft des dreieinigen Gottes und der Christenheit aufgenommen wurden. Nicht wahr, so etwas hört man gern? Aber nun seht auch die Kehrseite. „Habt wohl Acht auf die Kinder der Armen, denn sie sind es vornehmlich, bei denen Lehre und Wissenschaft gepflegt wird", schärft der Talmud den Juden ein, und darum unterstützen dieselben arme Eltern in der Erziehung ihrer Knaben so, wie es bei uns kaum je vorkommt. Denn sie wünschen, daß ihre Söhne im Gemeinwesen, Handel und Wandel hohe, einflußreiche Stellen einnehmen, um ein Stück Christentum nach dem andern aus dem öffentlichen Leben hinauszuschaffen. Man heißt das: unsere Zustände verjuden. Und wahrlich, wir haben's in Deutschland in diesem Stück schon weit gebracht. Mit der Taufe des Schreiners nun hören alle diese Unterstützungen auf. Aber nicht blos das, sondern der Mann verliert mit seinem Uebertritt zum Christentum auf einmal seine ganze Kundschaft. Was das heißt, das wissen diejenigen am besten, welche Handwerker oder Kaufleute sind. Nun steht er da und weiß nicht, wie seine Familie ernähren. Da wendet er sich in seiner Not auch an unsere Judenmission und bittet: nehmt doch einige meiner Söhne auf und erziehet sie. Und wir haben uns verpflichtet, so lange für sie zu sorgen, bis sie im Stande sind, ihr täglich Brot selbst zu verdienen.

Der eine derselben ist seitdem Sattler und Tapezier geworden und sucht auf seiner Wanderschaft als Handwerksbursche nach Kischinew zu gelangen, um sich dort niederzulassen und bei der dortigen durch Pastor Faltin und dem judenchristlichen Advokaten Rabinowitsch hervorgerufenen judenchristlichen Bewegung in seinem Handwerk zur Ausbildung von Proselyten als Handwerkern nützlich zu sein; der andere kam in die Lehre bei einem Buchbinder zu Nürtingen, ist aber am 8. August 1886, wie wir hoffen, selig entschlafen und ruht auf dem Gottesacker zu Nürtingen, als ein

Waizenkorn in Hoffnung fröhlicher Auferstehung. Das ist's, was der Herr Jesus sagt: Gebt ihr ihnen zu essen!

Glaubt nicht, das seien die einzigen Judenchristen oder Proselyten, welche also Hilfe suchen: nein, in den ersten Monaten des vergangenen Jahres verging wohl keine Woche, ohne daß nicht einer an meinem Pfarrhause, wo das Asyl sich befand, anklopfte, und zwar Leute aus allen Ständen. Es waren zehn bis zwanzig, welche teils mündlich, teils schriftlich baten, und von denen konnten wir aus Mangel an Raum und Mitteln nur zwei aufnehmen. Unsre vaterländische Judenmission hat nämlich im Aufblick zum Herrn am Feiertag Philippi und Jakobi 1877 ein Proselytenasyl zu Neckargröningen begonnen, es jedoch bei den vielen Bitten um Aufnahme vergrößert am gleichen Tage 1879 nach Cannstatt, dann nach Fellbach verlegt, und seit 1881 hat es seinen Sitz zu Großingersheim. Schon mehr als 50 Proselyten befanden sich in unsrer Pflege, und eine Anzahl von diesen steht im Predigtamt oder Schulamt der ev.-luth. Kirche, wirkt als Judenmissionar, arbeitet im Handels- oder Handwerkerstande, und verdient so sein eigen täglich Brot. Laßt es eurer Liebe und Fürsorge empfohlen sein.

Geliebte Christen! Ein Freund unserer Mission, der selige Stadtpfarrer von Jan zu Weilheim u./Teck, fand kürzlich im Gotteskasten ein Opfer mit der Zuschrift:

Ein wenig Brot, ein wenig Fisch,
Leg ich für Israel auf den Tisch,
Da unser Heiland hat geboten:
Gebt ihnen Ihr von euern Broten!

Laßt uns dem nacheifern im Gehorsam gegen das Wort des Herrn: Gebt ihr ihnen zu essen!

Amen.

Jes. 41, 10. 14.

Diese Worte des Propheten Jesaias hat euch, geliebte Brüder, ein warmer Missionsfreund vom Fuß der Alb (Weilheim u./Teck) mit auf den Weg gegeben, und sie drücken auch ganz die Gefühle und Empfindungen aus, welche uns in dieser heiligen Stunde beseelen, da ihr verabschiedet werdet, um den Weg in die neue Welt anzutreten. Ihr gehört dem Volke Israel an, dem Volk des alten Bundes, welches der Herr aus allen Völkern zu Seinem Volk des Eigentums erwählt, dem Volk, das aber jetzt unter dem Fluche Gottes steht, da es den Sohn Gottes verworfen, da es den ihnen gesandten Jesum von Nazareth nicht als seinen Messias aufgenommen, sondern das: Kreuzige! über Ihn gerufen hat. Es ist ein Wunder der Gnade Gottes, daß ihr zum Glauben an den von eurem Volk verworfenen Jesum als den Christ gekommen seid. Ihr seid durch die heilige Taufe als das Bad der Wiedergeburt und Erneuerung des heiligen Geistes (Tit. 3, 5.) in die Gemeinschaft des heiligen dreieinigen Gottes aufgenommen worden, ihr seid selig gemacht durch's Wasser der Taufe (1 Petr. 3, 21), ihr gehört zu der Gemeinde Christi, welche Er durch das Wasserbad im Wort geheiligt und gereinigt (Eph. 5, 26), es sind euch alle die Gnadengüter zu Teil geworden, welche der Herr Jesus selbst an den Empfang der heiligen Taufe geknüpft, nämlich Gnade Gottes, Vergebung der Sünden, Kindschaft Gottes und Erbschaft des ewigen Lebens, oder wie es unser Vater Luther so schön ausdrückt: die Taufe wirket in euch Vergebung der Sünden, erlöset euch von Tod und Teufel und gibt euch die ewige Seligkeit. Aber vergeßt eines nicht, geliebte Brüder! Ihr seid durch die Taufe in den Tod Christi mit Christo gekreuzigt, mit Christo begraben und mit Christo auferwecket (Röm. 6, 3—4). Dieweil ihr nun wißt, daß euer alter Mensch samt Ihm gekreuzigt ist, so dienet hinfort nicht mehr der Sünde, sondern wandelt in einem neuen Leben. Es hat jeder von euch seine persönlichen Sünden, die ihm immerdar ankleben, und es haften euch ebenso die besonderen Sünden eures Volks, die jüdischen Volkssünden an, welche ihr wohl kennet. Da bedenkt nun, wozu euch eure Taufe, euer Taufbund mit dem von euch abgelegten Gelübde verpflichtet: daß nämlich der alte Adam in euch durch tägliche Reue und Buße soll ersäuft werden und sterben mit allen seinen Sünden und bösen Lüsten, und wiederum täglich herauskommen und auferstehen ein neuer Mensch, der in Gerechtigkeit und Reinigkeit vor Gott ewiglich lebe.

Ihr seid, geliebte Brüder, zu Christo bekehrt worden durch den Dienst der Judenmission, und zwar durch die Mission unserer evang.-lutherischen Kirche. Wie gering ist doch diese Mission, und wie gering sind die Mittel, über welche sie verfügt, gegenüber den auf Hunderttausende sich belaufenden Einnahmen, welche die opferwilligen reformierten Christen englischer und deutscher Zunge der reformierten Judenmission darbieten! Und doch hat der Herr gerade dieses kleine Werk in unsern Tagen besonders angesehen und gesegnet in den russischen Ostseeprovinzen, noch mehr aber zu Kischinew in Bessarabien. Dies verdanken wir der unverdienten Gnade Gottes, welcher gerade das Geringe erwählt; aber es hat doch auch noch andere Gründe. Unsere evangelisch-lutherische Kirche ist ja die Kirche des reinen Wortes und Sakramentes, und sie bringt den Juden den lauteren, wahren, vollen und schriftgemäßen Christus, nicht den durch Ceremonien und falsche Lehre verdunkelten, wie die römische, auch nicht den durch figürliche Schrifterklärung und symbolische Deutung der Sakramente getrübten, wie die reformierte Kirche; und dieser schriftgemäße Christus ist's, den die Israeliten suchen und annehmen. Dann aber haben die Juden Gelegenheit, in der nur 400 Seelen starken evang.-lutherischen Gemeinde der von 50 000 Juden bewohnten Stadt Kischinew mit ihrem Hirten, dem lieben Pastor Faltin, nicht bloß die Lehre Jesu zu hören, sondern auch das Leben Christi in Seiner Gemeinde zu sehen, und dadurch werden sie zur Nacheiferung angespornt, und zu eifern gereizt und selig gemacht (Röm. 11, 14); während sonst die Christen mit ihrem Unglauben und Sündenleben vielfach ein abschreckendes Beispiel für die Juden sind. Danket aber eurem Heilande, daß Er eure Schritte gerade in diese liebe Gemeinde gelenkt und euer Herz dem göttlichen Wort und Leben geöffnet hat.

Ihr habt, geliebte Brüder, in unserem Asyle hier in Neckargröningen ein Heim gefunden und seid hier in der Abendmahlsgemeinschaft unserer teuren ev.-luth. Kirche gepflegt worden, seid aber nun bereit, euch nach Amerika hinübersenden zu lassen, um einst nach Vollendung eurer Vorbereitung ins heilige Amt zu treten und unseren deutschen Glaubensgenossen das Evangelium von Jesu Christo zu verkündigen. Da begehret ihr ein köstliches Amt, aber auch ein schweres Amt, von dessen Trägern insbesondere St. Pauli Wort gilt, daß wir nur können durch Trübsale ins Reich Gottes eingehen. So hebet denn stets eure Augen auf zu den Bergen, von denen Hilfe kommt, und lasset euch stets als treue Arbeiter erfinden, damit der Herr auch euch einst an Seinem Tage zurufen kann: Ei du frommer und getreuer Knecht, du bist über wenigem getreu gewesen; Ich will dich über viel setzen, gehe ein zu deines Herrn Freude. Du aber, geliebte Missionsgemeinde, alle, die ihr euch heute so zahlreich in unserem Gotteshause versammelt habt, wollet für diese beiden Brüder betende Hände zum Herrn aufheben, wenn ihnen nun unter Handauflegung der Segen des Herrn zum Ausgang aus der alten Heimat und zum Eingang in die neue Heimat gegeben wird, und wollet ihrer auch künftig fürbittend gedenken, damit ihnen zu seiner Zeit gegeben werde das Wort mit freudigem Aufthun ihres Mundes (Eph. 6, 19), und sie des Glaubens Ende, der Seelen Seligkeit davon bringen. Amen.

Röm. 11, 12.

Eine der brennendsten Fragen der Gegenwart ist die sogenannte soziale Frage, ein Teil derselben ist aber die Judenfrage; überall in Zeitungen und Blättern, bei öffentlichen Versammlungen und in Einzelunterhaltungen steht diese auf der Tagesordnung. Schon das zeigt uns, wie wichtig dieselbe ist, und wenn auch die Judenmission schon lange zuvor bestand, so zeigt doch unser Text, daß ein Zusammenhang zwischen beiden besteht. Reden wir auf Grund unsres Gotteswortes zuerst von Israels Fall. Israel ist gefallen. Dies sieht man schon äußerlich. Israel ist kein Volk mehr, es ist aus seinem Land, aus Kanaan vertrieben, Jerusalem ist zerstört, der Tempel liegt in Trümmern, und zwar so, daß kein Stein auf dem andern geblieben ist Matth. 24, 2.; es ist, wie der Prophet Hosea 3, 4. geweissagt: Israel ist ohne König, ohne Fürsten, ohne Opfer, ohne Altar, ohne Leibrock und ohne Heiligtum, es ist nicht mehr das Volk Gottes. Hos. 2, 23. 1, 9. Röm. 9, 25. 26. Zerstreut in aller Welt läuft es ruhelos umher, von Volk zu Volk, von Land zu Land, von der Stadt aufs Land, vom Land in die Stadt, nirgends die Heimat findend, welche es sucht. Sein Fall ist groß. Was hatte es ehemals für eine gute Religion, aber wie leer und knöchern ist diese nun! Statt der heiligen Gottesgebote haben sie Menschensatzungen und Menschengebote, statt der leichten Last Gottes tragen sie die schwere Last ihres Talmud, und seufzen unter diesem argen Buchstabendienst. Ihren Messias Jesum von Nazareth, von dem Gesetz und Propheten geweissagt, haben sie verworfen, nun müssen sie sich mit falschen Messiashoffnungen quälen, die nichts als Lug und Trug sind. Zu Tlusti, einem Flecken im Kreis Czotkow, lebte Rabbi Israel Balschem, siedelte aber in seinem Alter nach Medziboze in Podolien über, wo ihm seine Wunderthaten den Ruf eines Heiligen verschafften. Er erzählte seinen Schülern, was er auf seinen Seelenfahrten in den Himmel erfahren, er heilte Krankheiten, er erlöste Seelen, welche in Tiere gebannt waren, er zeigte die erstaunliche Macht eines Zaddik, wie er sich selbst und jeden künftigen Lehrer seiner Sekte nannte. Er sprach dem Zaddik das Recht zu, der Sinnlichkeit zu fröhnen, üppig zu leben, sogar Gesetze zu übertreten, um nachher desto größer dazustehen. In seinem hohen Alter versammelte er seine Schüler und Verehrer und offenbarte ihnen, daß er ein Sprößling der königlichen Familie Davids sei, und daß aus seiner Familie der Messias hervorgehen werde. Diese Offenbarung rief einen solchen Freudentaumel unter seinen Verehrern hervor, daß sie acht Tage lang Feste feierten, reiche Gaben zusammenbrachten und ein jeder von ihnen rechnete sich's zur höchsten Ehre, seine Juwelen oder sonst Kostbares, was in seinem Besitze war, schon jetzt für den einst kommenden König Messias darzubringen und in die Hände des Zaddik niederzulegen. Seine Schüler posaunten die nahe Messiaszeit in Briefen aus und fügten abenteuerliche Phantastereien hinzu, so daß die große Menge bethört wurde und dem Zaddik, wie seiner Familie, aus

welcher ja der Messias hervorgehen sollte, eine noch viel größere
Verehrung und Huldigung darbrachte. Der jetzige Patriarch der
Messiasfamilie, zugleich des Messias angeblicher Vorläufer und
Vertreter, ist ein schlanker, hagerer, vor der Zeit gealterter Mann
in Sadagura, einer kleinen, schmutzigen Judenstadt, die in einer
öden Gegend der Bukowina liegt. Er heißt Herschel und gilt als
der reichste Jude in Rußland und Polen. Die Familie hat
nämlich im Lauf von 1 0 Jahren durch die Leichtgläubigkeit der
slavischen Juden Millionen zusammengebracht. Sadagura ist noch
immer der heilige Flecken Erde, zu dem die Juden von Rußland
und Polen, Galizien, Bukowina, Moldau und Wallachei fort=
während wallfahren. Mindestens einmal im Jahre halten die
Anhänger dieser Familie es für eine heilige Pflicht, dem Haupte
derselben ihre persönliche Ehrerbietung zu bezeugen und einen
Tribut dem Zaddik zu Füßen zu legen. So ist es nicht zu ver=
wundern, daß Rabbi Herschel einen prunkvollen Palast bewohnt,
der um so glänzender erscheint, als er mitten unter den elenden
Wohnungen der Nachbarschaft emporragt. Doch ist derselbe zunächst
umschlossen von einer Reihe kleiner, eleganter Wohnhäuser, in
welchen Rabbi Herschels Schwiegersöhne und Töchter residieren.
Der Luxus des Palastes ist wahrhaft königlich; unter andern
enthält er ein Silberzimmer voll des prachtvollsten Gerätes aus
allen Zeiten und von den mannigfaltigsten Formen, dessen Wert
auf mehrere hunderttausend Rubel geschätzt wird. Die Wohn=
zimmer enthalten die prachtvollsten türkischen und persischen Teppiche,
die teuersten und kunstvollsten Möbel, sowie die schwersten Damast=
vorhänge. Alles das sind Opfergaben der slavischen Juden. Der
weitausgedehnte Park ist von geschmackvoll geordneten Treibhäusern
eingeschlossen. In den Stallungen findet man Pferde von den
edelsten Rassen und darunter manche Reitpferde, die mit zwei= und
dreitausend Gulden bezahlt worden sind. Die elegantesten Equi=
pagen, die der Familie in großer Auswahl zur Verfügung stehen,
sind sämtlich von Paris bezogen worden, wie die Familie überhaupt
auch Alles, was zur Toilette nötig ist, sich von Paris kommen
läßt. Und wer ist der Herr all dieser Pracht und Herrlichkeit,
der Patriarch, aus dessen Familie der Messias hervorgehen soll,
der Götze, dessen Anblick durch die größten Gaben erkauft und der
wie ein Heiliger angebetet wird? Es ist ein blödsinniger Greis.
Ja der Zaddik ist ein Blödsinniger. Unter seinem weißen Haar
ist kein denkender Kopf, in seiner Brust schlägt kein Freud und
Leid der Menschen fühlendes Herz, obgleich noch im besten Mannes=
alter, ist er ein Greis vor der Zeit. Er kann nicht ohne Stütze
einhergehen, nicht aus körperlicher Schwäche, sondern aus geistiger
Trägheit. Und doch, wenn er auf der Straße erscheint, wird er
stundenlang vorher angekündigt, und alle Fenster und Thorwege,

Straßen und Plätze sind voller Menschen, ja Bäume und Dächer sind besetzt von Leuten, die des Patriarchen der messianischen Familie ansichtig werden wollen.

Rabbi Herschel hat eine Frau, Töchter und Söhne. Seine Töchter sind sehr jung verheiratet an ausgewählt reiche Schwiegersöhne, die sich verpflichtet haben, in Sadagura zu wohnen und sich in der Nähe des väterlichen Palastes anzubauen. Seine Töchter gehen in Samt und Seide: seine Söhne und Schwiegersöhne tragen die prachtvollsten Kaftane, die kleinen Kinder und Enkel haben französische, englische und deutsche Gouvernanten und Bonnen, dazu Gouverneurs, wie junge Fürsten. Eine Anzahl von Sekretären liegt den Geschäften des Hauses ob, die hauptsächlich darin bestehen, die frommen Gaben entgegenzunehmen. Nachmittags von 2 bis 5 Uhr erteilt der Patriarch Audienz, d. h. er empfängt in Gegenwart seiner Sekretäre eine Anzahl der Pilgrimme — gewöhnlich 2 bis 300 — deren Namen oft schon Tage lang auf den Listen eingetragen stehen. Ein jeder, der vorgelassen wird, überreicht dem Zaddik ein kleines Zettelchen, auf dem seine Wünsche, die der Zaddik für ihn bei Gott erbitten soll, aufgeschrieben sind, legt die mitgebrachte Gabe nieder, die nicht unter 10 Gulden öftr. sein darf, und wird in aller Eile aus dem Heiligtum, wo der Zaddik thront, förmlich hinausgeschoben, um einem Andern, der nicht minder sehnsüchtig diese Minute — vielleicht schon 10 oder 12 Tage — erwartet, den Zutritt zu ermöglichen. Jede Nacht wird ein Korb voll dieser Zettelchen, die zuweilen unter heißen Thränen geschrieben worden und in denen oft die bitterste Not und das unsäglichste Elend dem Zaddik geklagt und um seine Fürbitte angehalten wird, dem Feuer überliefert, ohne daß der Heilige sie nur eines Blicks gewürdigt hätte. Nur solche Verehrer des Zaddik, die jeden Besuch, jede Unterredung mit 500, ja zuweilen mit 1000 Rubel sich erkaufen — ihrer gibt es eine nicht unbedeutende Zahl — werden in den Privatgemächern des Zaddik empfangen, manchmal auch zu Tische geladen und erfreuen sich einer ganz besonderen Aufmerksamkeit und Vertraulichkeit, um die sie dann aufs Höchste beneidet werden. Aber auch viele begeben sich zu ihm, nur um ihn zu sehen, und zahlen dafür gern, mehr aber für seinen Segen oder ein Gebet, oder auch ein Erlösungsspiel mit allerlei Münzen (Pidjon). Seine Hand zu berühren sühnt schlechte Thaten, seine Mütze den Hochmut, sein Gürtel sinnliche Begierde, seine Beinkleider Blutschande, seine Thesillin Frechheit — also ein Ablaß in höherem Grade. Und doch wie hoffnungslos stirbt dieser Zaddik! Eine schwere Krankheit überfällt ihn. Der Arzt Dr. Rappaport aus Lemberg wird berufen. "Ich traf, schrieb dieser, in Sadagura 4 Uhr nachmittags ein. Eine große Menge der Chasidim bedeckte die Straßen, die

zum Palast des Rabbi führten. Alle Stunde kam ein Agent des
Hauses und brachte der harrenden Menge Nachricht über das Be=
finden des hohen Kranken. Als mein Wagen dort anlangte,
wurde ich förmlich auf Händen in den Palast getragen. Da half
kein Sträuben und Zurückweichen. Der Schmerz wich von den
Gesichtern der treuen Anhänger und machte Platz einer hoffnungs=
vollen Freude, die mein Kommen bei ihnen hervorrief. Kaum
betrat ich den Palast, und ohne mir Zeit zu lassen, die Kleider zu
wechseln, mußte ich sofort zum Krankenbett, da mir die Familie
versicherte, daß der Kranke unaufhörlich nach mir frage und meinte,
daß er sterben müsse, wenn ich nicht bald kommen werde. Ich
fand den Kranken in einem hoffnungslosen Zustand, und machte
auch kein Geheimnis von der nahe bevorstehenden Katastrophe. Es
war beschämend die Angst und Verzweiflung, das Händeringen
und Wehklagen dieses armen Mannes anzusehen, der jetzt vor der
Pforte der Ewigkeit stand. Er umklammerte mich und flehte mich
an, ihn zu retten, sein ganzes, großes Vermögen solle ich dafür
haben, um ihn nur noch ein paar Jahre zu erhalten. Aber Alles
war vergebens. Noch 24 Stunden kämpfte er einen fürchterlichen
Todeskampf, von 'einer Angst und Todesfurcht gejagt, in der ich
noch nie einen Sterbenden gesehen hatte." — So starb der Heilige!
Noch an demselben Tage wurde von den sämtlichen Gläubigen,
die dort zugegen waren, dem Sohne des Zaddik, als Nachfolger
in Amt und Würde, die Huldigung dargebracht und er auf den
väterlichen Thron erhoben. Ja, Israels Fall ist groß, und wenn
einst Mose sprach 5 Mos. 5, 8: Wo ist so ein herrliches Volk,
das so gerechte Sitten und Gebote habe, als alles dies Gesetz,
das ich euch heutiges Tages vorlege? so gilt heute von ihm das
Wort des Propheten Jeremia 29, 18.: Ich will sie in keinem
Königreich auf Erden bleiben lassen, daß sie sollen zum Fluch,
zum Wunder, zum Hohn und Spott unter allen Völkern werden,
dahin ich sie verstoßen werde. Israel ist in seinem Fall den
andern Völkern zum Fluch geworden. Beinahe unser ganzes
Land suchte ich durch Missionsvorträge mit der Liebe zur Juden=
mission zu erfüllen, aber überall, wohin ich kam, im Norden, wie
im Süden, in Ost und West tönten mir die Klagen über den
jüdischen Wucher entgegen, und selbst Freunde der Judenmission
wußten mir die empörendsten Beispiele zu erzählen, wie Christen,
wie ganze Ortschaften durch diesen Wucher zu Grunde gerichtet
wurden. In größerem Maßstab geschieht dies durch ihre Börsen=
thätigkeit. Ein Krebsschaden für unser ganzes Volk. Ebenso sind
sie uns durch ihre Thätigkeit in gesetzgebenden Versammlungen
zum Schaden geworden. Sie haben es größtenteils verschuldet,
daß wir unsere guten alten, auf christlichem Boden erwachsenen
Gesetze verloren haben und nun unter unsern sogenannten liberalen

Gesetzen seufzen; ich brauche nur den Namen Laster zu nennen, so sieht jeder, was das besagen will. Ebenso ist Israel uns zum Fluch durch seine Bethätigung in der Presse. Die gelesensten Zeitungen sind in den Händen der Juden, die besten und gelesensten Sachen in Zeitungen und Unterhaltungsbüchern stammen aus jüdischen Federn. Ein solches in Berlin erscheinendes (Berliner Tagblatt) hat z. B. 80 000 Abonnenten. Diesen Einfluß aber mißbrauchen die Juden dazu, um das Christentum verächtlich zu machen, die christliche Kirche mit ihren Dienern und Ordnungen herabzusetzen, kurz um unserm Volk sein Höchstes, seinen Christenglauben zu nehmen, sie sind uns ein Fluch worden. Es könnte noch manches angegeben werden aus der Gegenwart, um die Wahrheit des prophetischen Wortes zu beweisen.

Aber wie soll dem abgeholfen werden? Manche meinen, wenn sich die Juden unsre moderne Bildung aneigneten, würden sie von selbst Christen. Diese eignen sie sich auch wirklich immer mehr an, das mögen folgende Zahlen beweisen. Im Sommer 1871 besuchten in Preußen 5168, im Sommer 1873 schon 5609 Juden das Gymnasium, und seitdem hat's noch zugenommen, während die Zahl der christlichen Gymnasisten um die Hälfte weniger stieg. Diese ihre moderne Bildung aber verwenden sie gegen uns und werden dadurch in ihrem Fall ein Fluch für uns Christen durch diese Bildung. Der Apostel gibt uns einen andern Weg an in den Worten: der Welt Reichtum und der Heiden Reichtum. Aus ihrem Fall ist den Heiden Heil widerfahren. Wie denn das? Durch das wahre Israel Jak. 1, 1. Gal. 6, 16. Röm. 9, 6., durch diejenigen, welche Jesus von Nazareth als den Messias, den Christ des Herrn annahmen und an ihn glaubten. Seht sie an, jene Zwölfe aus Israel, jene heiligen Apostel und die Tausende und aber Tausende aus den Juden, welche das Wort gern annahmen, sich taufen ließen und bei der Gemeinde blieben. Ap. 2, 41. 5, 14. Der größte Teil von Israel nahm aber das Evangelium nicht an, sondern blieb im Unglauben, und verfolgte die Gemeine Christi, darum wandten sich die heiligen Apostel hinaus in die Welt; Israel stieß das Wort Gottes von sich und achtete sich nicht selbst wert des ewigen Lebens, darum wandte sich ein Apostel Paulus samt seinen Mitarbeitern zu den Heiden Act. 13, 46. und ruhte mit den andern Aposteln nicht, bis die Verheißung erfüllt ward: Ich habe dich den Heiden zum Licht gesetzt, daß du das Heil seist bis an's Ende der Erde. Jes. 49, 6. Die übrigen Gläubigen aus Israel sind durch Jerusalems Zerstörung ebenfalls unter die Welt zerstreut worden und haben den Heiden den Herrn Christum gebracht. So ist der Juden Fall der Heiden Reichtum worden, und die Welt hat dadurch das Licht erhalten, was sie hat, ist durch die Kraft des Evangeliums ganz verändert, erneuert worden. Oder ist das Evangelium nicht unser Reichtum? Hat nicht das römische Reich ein ganz andres Ansehen erhalten, als es das Christentum annahm? ist nicht unser deutsches Volk und die andern Heidenvölker, welche den Herrn Christum angenommen, durch das Evangelium aus dem Schlamm des Heidentums herausgezogen und erneuert worden? Dies haben wir Israel zu verdanken, ihr Fall ist der Welt Reichtum worden.

Dieser Segen aber geht durch Christgläubige aus Israel bis heute auf die Welt über. Ohne Scheu darf man es sagen: Es ist eine ganze Reihe glänzender Namen, die aus dem jüdischen Volke mit den Triumphen des Christentums und der Kirche verbunden sind. Eine Reihe unserer Namen wie Christlieb, Christmann, Goldstern, Barth und andere weisen auf jüdisches Blut. Nicht weniger als 3—400 englische Geistliche stammen aus Israel, selbst anglikanische Bischöfe sind jüdischen Ursprungs. Die lutherische Kirche Bayerns hat 7 Prediger, welche sämtlich jüdisches Blut in ihren Adern haben; ebenso sind eine große Zahl römisch-katholischer Bischöfe besonders in Spanien aus Israel hervorgegangen. Ein unscheinbares Männlein war's, das einst täglich durch die Straßen Berlins wandelte, um sich nach der dortigen Hochschule zu begeben. Tausende und aber Tausende von Schülern saßen zu seinen Füßen, und noch mehr sind's, welche noch heute aus seinen vortrefflichen Schriften schöpfen: es ist der Professor der Kirchengeschichte Dr. Neander. Zu Rostock stand der Judenchrist Dr. Fried. Ad. Philippi als Professor an der Hochschule, führte Tausende von Jünglingen in die Bibel und die Glaubenslehre unserer ev.-luth. Kirche ein, und thut's noch nach seinem Tode durch seine vortreffliche Dogmatik, und im Norden Europas, im norwegischen Christiania versammelt der judenchristliche Professor der Theologie Dr. Caspari Mengen von heils- und lernbegierigen Studenten um sich, sie in Gottes Wort und Luthers Lehre einzuführen und zu tüchtigen evang.-luth. Predigern heranzubilden — abgesehen von Isaak da Costa in den Niederlanden. Israels Schade ist der Heiden Reichtum worden.

Doch nicht bloß christliche Theologen, Gottesgelehrte sind's, welche, aus Israel hervorgegangen, Segen unter uns verbreiten, sondern auch Juristen, Rechtsgelehrte. Ich brauche nur den Namen Stahl auszusprechen, jenes berühmten Mitglieds des evangel. Oberkirchenrats in Berlin, so weiß jeder, was unsere evangelisch-lutherische Kirche diesem bewährten Vorkämpfer gegen die menschlich gemachte sogenannte Union zu verdanken hat. Und um in unser engeres Vaterland Württemberg zurückzukehren, rufe ich Euch ins Gedächtnis jenen gelehrten, aber christlich demütigen Professor in Tübingen Namens Samuel Marum Mayer, der uns allen durch seine Einfalt und Schlichtheit eindrücklich geblieben ist. Ein Glaubensmann ist der 1837 Getaufte gewesen bis zu seinem Tod; als im Angesicht des Todes ein naher jüdischer Verwandter aus Freudenthal ihn noch von seinem Christenglauben abfällig machen wollte, legte er ein entschiedenes Bekenntnis zu Jesus dem Christ ab und entschlief so. Auch da gilt das Wort: Ihr Schaden ist der Heiden Reichtum worden.

Ebenso steht's auf dem Gebiet der Staatsklugheit. Ich brauche unter andrem nur an den englischen Ministerpräsidenten Disraeli, später Lord Beaconsfield zu erinnern, einen der größten Staatsmänner, welche England je gehabt hat. Anfangs dieses Jahrhunderts kam ein jüdischer Jüngling namens Herschell nach England; dort wurde er bekehrt zu Christo, wurde Prediger und stiftete viel Segen unter den Verlorenen und Verlassenen in der Weltstadt London. Dessen ältester Sohn Sir Farrar Herschell wurde zum Lord Kanzler von England gemacht und bekleidet den höchsten Ehrenposten, welchen England zu vergeben hat, er ist Präsident der ältesten und höchsten Aristokratie der Welt, nämlich des englischen Oberhauses. Da wird jeder die Wahrheit des Bibelworts erkennen: Ihr Schaden ist der Heiden Reichtum worden.

Ebenso könnte ich Euch auf das Gebiet der Schriftstellerei, Handelschaft und andre Gebiete führen, um dieses apostolische Wort ins Licht zu stellen, aber ich will's nur noch an einem ungläubigen Reformjuden zeigen. Derselbe war so im Unglauben versunken, daß er eigens Reisen bei Juden und Christen machte, um den Glauben an das Wort Gottes aus dem Herzen zu reißen. Da kam er durch den Dienst des lutherischen Pastors Faltin in Kischinew zum Glauben an Jesum den Christ. Es ließ ihm nun keine Ruhe. Als Katechet Pastor Faltins übersetzte er nicht nur den Katechismus unsres teuren Dr. Martin Luther ins Hebräische, sondern dieser Katechet Friedmann suchte nun gerade diejenigen Juden und Christen insonderheit auf, bei denen er früher den Unglauben ausgesät hatte, und suchte sie für den Glauben an den Herrn Jesum zu gewinnen. Jetzt wirkt er als Judenmissionar zu Wilna. Auch da gilts: Ihr Schaden ist der Heiden Reichtum worden.

Aber nun auch noch das letzte: wie viel mehr, wenn ihre Zahl voll würde! Das Judentum, sagt ein Freund Israels, entfaltet eine Regsamkeit und versteht auf allen Punkten seine Vorteile mit so weitem Blick aufzuspüren, daß, wenn es auch nur zum Teil christianisiert wäre, es unsre beste Bundesgenossenschaft ausmachte. Darum laßt uns selbst rechte Christen sein, damit sie uns nacheifern; darum laßt uns emsig und eifrig uns an der Mission unter Israel beteiligen, damit die Zahl der christgläubigen Juden sich von Jahr zu Jahr vergrößere, damit sie möglichst voll werde! „Ihre Schriften, schreibt ein Landwirt, den sein Beruf viel in Verkehr mit Juden bringt, habe ich mit großem Interesse gelesen: die Mission ist die einzige Behandlung der Judenfrage, welche dieselbe wirklich lösen kann." Gebe Gott, daß sich immer mehr Bahn bricht die Erkenntnis des apostolischen Wortes: denn so ihr Fall der Welt Reichtum ist, und ihr Schaden ist der Heiden Reichtum: wie viel mehr, wenn ihre Zahl voll würde! Amen!

Psalm 77, 6. 12.

Einen Rückblick möchte ich diesmal thun, Geliebte in dem Herrn! Assaph hat ihn einst gethan in einer Zeit, da es schien, der Herr habe sein Volk verstoßen, es sei aus mit seiner Huld und Güte, das Wort Gottes habe ein Ende, der Herr habe seine Gnade vergessen, und an die Stelle seiner Barmherzigkeit sei sein Zorn getreten. Da gedenkt er der alten Zeit, der vorigen Tage, und in denselben der Thaten des Herrn, seiner Werke und Wunder vor Alters, und dieses Sinnen macht seinen Schmerz allerdings erst recht lebendig, aber erweckt ihn auch zu neuem Glaubensmut und zu lebendiger Hoffnung. Auch für unsere Arbeit an Israel wird solch ein Rückblick nicht ohne Frucht sein, da er uns zeigt, wie dieselbe für unser Württemberg nichts Neues ist, sondern unser Land schon lange ein guter Boden für diese Missionsarbeit unsrer evangelisch-lutherischen Kirche ist.

Dies führt uns in das vorige Jahrhundert zurück zum alten lutherischen Herzogtum Wirtemberg. Da bestand sie noch unangetastet, jene Kirche, wie sie von der Reformationszeit aus den treuen Händen der Reformatoren Dr. Martin Luther, Johannes Brenz, Jakob Andreä und Anderer unter der Fürsorge des Herzogs Christoph und seiner Nachfolger hervorgegangen war, da blühten noch jene Klöster zu Bebenhausen, Maulbronn, Denkendorf, Hirsau, Adelberg, Lorch, Königsbronn, Herrenalb, Blaubeuren, Alpirsbach, St. Georgen, Murrhard, Anhausen und Herbrechtingen, und an ihrer Spitze jene lutherischen Aebte, welche nicht bloß für unsere Kirche eine so gesegnete Thätigkeit übten, sondern auch in Dingen des bürgerlichen Gemeinwesens von entscheidendem Einfluß waren. Nicht nur manches inbrünstige Gebet ist von diesen stillen Klosterräumen in der Not der Kirche zu ihrem Herrn emporgesandt worden, nicht bloß verdankt manches jetzt noch gesegnete Buch seine Entstehung jenen gottesfürchtigen Männern, welche in ihm oft die Frucht ihres Lebens niederlegten: man denke nur an den Prälaten Lukas Osiander den Aelteren in Adelberg, Johannes Andreä in Königsbronn, Johann Valentin Andreä in Bebenhausen, an Ehrenreich Weismann zu Herrenalb, an M. Christof Zeller in Lorch, an Johann Reinhard Hedinger in Herbrechtingen, an Johann Friedrich Hochstetter in Denkendorf, an Johann Albrecht

Bengel in Herbrechtingen und Alpirsbach, an Friedrich Christof Oetinger in Murrhardt, an Magnus Friedrich Roos in Anhausen und Andere, sondern jene Klöster mit ihrer reizenden, herzerhebenden Lage und Umgebung dienten in ihren Klosterschulen auch zur Heranbildung von Geistlichen unsrer Kirche. Wie erfrischend wirkt zum Beispiel ein Gang von Tübingens alter Hochschule durch jenes liebliche Thal nach dem Kloster Bebenhausen mit seiner einzigen Lage! Da führte im vorigen Jahrhundert den Abtsstab Johann Andreas Hochstetter, Ahne eines noch jetzt blühenden Pfarrergeschlechts, geb. 1637, † 8. November 1720. Hochstetter war ein Schüler Johann Valentin Andreäs und Freund von Philipp Jakob Spener. Da verstand es sich von selbst, daß ebenfalls August Hermann Franke auf seinem bekannten Besuch in Wirtemberg 1717 auch bei Prälat Hochstetter in Bebenhausen einkehrte. Wie diese beiden Gottesmänner dabei ihre Glaubensgemeinschaft geäußert, läßt sich wohl denken. Im Gespräch mit Franke äußerte Hochstetter: „Einen dreifachen Wunsch habe ich immer meinem Gott im Gebet vorgetragen: 1. um eine neue Ausgießung des heiligen Geistes über die ganze Christenheit, 2. um Arbeiter in dem weiten Feld der Heidenmission und 3. daß auch erbarmende Herzen an den Weinberg Israels denken möchten. Die ersten beiden Gebete hat Gott in Gnaden erhört: — ach, daß doch auch mein letzter Wunsch möge in Erfüllung gehen!"

Dieses Wort war an den rechten Mann gelangt. Halle mit seinem Waisenhaus war durch Franke und seine Mitarbeiter ein Ort geworden, von welchem Ströme des Segens sich in weite Kreise der Christenheit ergoßen, von ihm war in Verbindung mit dem frommen dänischen König Friedrich IV. die erste lutherische Heidenmission zu Trankebar in Indien durch den Missionspatriarchen Bartholomäus Ziegenbalg gegründet worden, und nun kam dieser Wink hinzu. Franke nahm dieses Wort zu Herzen und erzählte nach seiner Rückkehr in seiner ersten Vorlesung diese Begegnung mit der Aufforderung, ob keiner seiner Studenten bereit sei, sich diesem schweren, aber verheißungsreichen Werke an den Juden zu widmen. Und wirklich fand diese Aufforderung Widerhall im Herzen eines seiner Zuhörer, des Johann Heinrich Callenberg, welcher später Professor an der Hochschule zu Halle wurde. Dieser begann verschiedene für die Judenmission bestimmte Schriften und Traktate herauszugeben, bildete auch verschiedene Theologen heran, welche in der Mission unter Israel thätig wurden. Er gründete zu diesem Zweck im Jahr 1728 das Institutum judaicum zu Halle. Aus ihm ging eine Reihe tüchtiger Missionsarbeiter unter den Juden hervor; ich erinnere nur an den trefflichen Stephanus Schultz. Die Gründung der evangelisch-lutherischen Judenmission des vorigen Jahrhunderts ging also eigentlich von unsrem Schwaben aus, der Großvater derselben war ein altwürttembergischer Abt und Prälat, der gab den Gedanken dazu her, die Ausführung desselben übernahmen willens- und thatkräftige Sachsen. Aber auch unter den theologisch gebildeten Missionsarbeitern, wie sie zu zween und zween reisten, stellten sich Schwaben ein, schon der erste, ein M. Widmann von 1730 an. Dieser bereiste mit Johann Andreas Manitius, dem sich später Stephan Schultz zugesellte, Deutschland, Polen, Böhmen, Kurland und andere Länder, und wirkte segensreich unter den Juden, und ihm folgten noch andere württembergische Theologen nach. So war von Anfang an unser schwäbisches Württemberg eng mit dieser Judenmission unserer evangelisch-lutherischen Kirche verbunden, welche um so größeren Erfolg hatte, da die Arbeiter in ihr nicht bloß gläubige Leute waren, sondern auch gründlich gebildet in der lutherischen Theologie und der rabbinischen Gelehrsamkeit.

Doch führt uns das Andenken der alten Zeit und der Thaten des Herrn in ihr noch in einen andern Teil des heutigen Württembergs, in das Frankenland, die Hohenlohschen Lande. In diesen fand die lutherische Arbeit für Israel ebenso freudigen Eingang, wie im Herzogtum Wirtemberg. Hohenlohsche Geistliche, an ihrer Spitze Superintendenten und Generalsuperintendenten, beteiligten sich warm an diesem Werk, gaben eine Reihe Schriften über die Judenmission heraus, welche teils an die Juden gerichtet sind, sie für Jesus den Christ zu gewinnen, teils an die Christen, sie mit Liebe zu diesem Werk zu erfüllen; aber das Erfreulichste war, daß unter den Juden des Hohenloher Landes selbst eine Bewegung zu Christo entstand, eine Bewegung, welche ihren Mittelpunkt in dem Fürstensitz Weikersheim hatte, wo unter anderem zwei Rabbiner zur evangelisch-lutherischen Kirche übertraten. Der damalige Generalsuperintendent Philipp Ernst von Weikersheim gibt im Jahr 1760 von diesen Thaten und Wundern des Herrn Zeugnis in einer eigenen Schrift: „Oeffentliche Zeugnisse zween jüdischer Schriftgelehrten in Weickersheim: Das Jesus, der Gekreuzigte, der Messias sei! ausführlich beschrieben, und mit der Bekehrungsgeschichte einer Jüdin der Presse übergeben." Wie diese Bewegung getragen ward von der Teilnahme der lutherischen Christen, das ist unter anderem daraus zu ersehen, daß die durchlauchtigste Fürstin und Frau, Frau Elisabetha Friederika Sophia, geborene Fürstin von Oettingen ꝛc., vermählte Fürstin von Hohenlohe ꝛc., welche krank auf ihrem Sterbebette lag, sogleich sich von ihrem Hofprediger Kern von diesem feierlichen Taufgottesdienste erzählen ließ und dem Proselyten auf ihrem Krankenlager noch ein schönes Andenken stiftete, mit dem gottseligen Zusatze, daß er auch als ein wahrer Christ leben und seinem Erlöser Jesu treu bleiben sollte, sowie daß das Andenken an diese schöne Zeit sich besonders in den Familien derer erhält, deren Glieder als Taufpathen an diesen Proselytentaufen teilnahmen. Im Weikersheimer Taufbuch heißt's von einer solchen Taufe aus dem Jahr 1758 also: Getauft Rabbi Aaron Mendel, ein Jude von 20 Jahren aus Polen, wurde nach empfangenem Unterricht in unserer heil. Religion und öffentlich gegebener Rechenschaft von seinem neuen Glauben in allhiesiger Stadtkirche vor seinen hohen Taufzeugen, die um den Altar stunden, getauft mit den Namen: Johann Ludwig Friedrich Karl Christlieb. Der HErr heilige und erhalte ihn in der Wahrheit bis ans Ende! Susceptores: 1. Herr Graf Johann Friedrich, unser regierender gnädigster Herr. absens. praesentes: 2. Herr Graf Ludwig Friedrich Karl, unser junger gnädigster Herr. 3. Frau Karoline Amalie, dero durchlauchtigste Frau Gemahlin. 4. Herr Graf Ludwig, der regierende Herr von Langenburg. 5. Eleonore, dero durchlauchtigste Frau Gemahlin. 6. Herr Graf Karl August, der regierende Herr von Kirchberg. 7. Frau Sophie Karoline, dero hochgräfl. Frau Gemahlin. 8. Herr Graf Ludwig von Erbach-Fürstenau. 9. Herr Graf Georg Albrecht von Erbach-Fürstenau. 10. Herr Graf Christian Friedrich Karl von Kirchberg. 11. Herr Graf Christian Albrecht von Langenburg. 12. Herr Graf Friedrich August von Langenburg. 13. Herr Graf von Isenburg. 14. Comtesse Friederica von Kirchberg. 15. Comtesse Louise Charlotte von Langenburg. 16. Comtesse Eleonore Juliane von Langenburg. 17. Frau Josepha, des Herrn Grafen Georg Albrecht von Fürstenau durchl. Gemahlin. 18. Herr Graf Philipp Heinrich, der regierende Herr von Ingelfingen. 19. Frau Albertine, dero hochfürstl. Frau Gemahlin.

Das Gedächtnis der alten Zeit, der vorigen Jahre führt uns indeß aus dem fränkischen Teil unseres Landes wieder in den schwäbischen zurück, und zwar in die alte Reichsstadt Eßlingen am Neckar. Da wirkte bis beinahe mitten in unser Jahrhundert als Diakonus und als Dekan F. A. Herwig. Sein Haus war ein echtes Christenhaus, und auch die Liebe zu Israel fand in ihm eine Stätte. Besonders war's eine kränkliche Tochter Sophie, geb. 1810, † 1836, welche ihrer Liebe zu Israel einen Ausdruck gab in dem schönen sechsversigen Liede: Wasserströme will ich gießen, Spricht der Herr, aufs dürre Land; Kühlend sollen Quellen fließen In der Wüste heißem Sand; Wo jetzt Wandrer schmachtend ziehn, Soll ein Gottesgarten blühn. Diesem treuen Seelsorger ward es beschert, eine Reihe Juden durch das Bad der Wiedergeburt in die Gemeinschaft des dreieinigen Gottes und der Christenheit aufzunehmen, besonders aber war es eine ganze jüdische Familie, Vater und Mutter samt vier Töchtern, mit welchen er dies am Festum Trinitatis 1820 im vormittägigen Hauptgottesdienst der großen Stadtkirche zu St. Dionysius thun durfte. Acht Tage zuvor am heiligen Pfingstfest ward auf den Kanzeln der verschiedenen Kirchen in der Stadt verkündigt, daß am Fest der heiligen Dreieinigkeit mit allerhöchster Erlaubnis und hochgeneigter Bewilligung der städtischen Obrigkeit der in Eßlingen sich aufhaltende israelitische Lehrer Beer (Bernhard) Goldberg von Neuwied mit Weib und vier Töchtern getauft werden soll, und die Gemeinde zugleich zu gebührender Andacht ermahnt. Ein feierlicher Kirchgang fand statt. Nach Gesang und Gebet hielt Herwig die Taufpredigt über das Festevangelium Johs. 3, 1—15. in der gedrängt vollen Kirche, und nahm dann vom Altar aus die reich liturgisch ausgestattete Taufhandlung vor. Es war ein erhebender Augenblick, als die sechs Täuflinge an den Taufstein traten, der Vater Beer Goldberg, umgeben von seinen Taufpaten Oberkonsistorialrat und Stiftsprediger Dr. Flatt in Stuttgart, Christof Heinrich Enslin, Kaufmann in Stuttgart, Archidiakonus M. Köstlin, Diakonus M. Klemm, Vikar M. Dahm, Johann Rectmann, Kaufmann in Neuwied, und Johann Jakob Häring, Kaufmann in Stuttgart; die Mutter Sara mit ihren Taufzeugen Hofmechanikus Baumann in Stuttgart und Frau Kaufmann Enslin, geb. Plouquet; die älteste Tochter von vierzehn Jahren, Lebijah, mit Weißgerbermeister Josenhans und Frau Kaufmann Häring, geb. D'attrin, in Stuttgart; die zweite elfjährige Tochter, Esther; mit Kanzleidirektor Williardts und Frau Oberamtsarzt Dr. Williardts von Eßlingen; die dritte zehnjährige Tochter, Bilha, mit Johann Peter Bertsch, Seiler und Oelmüller, und Frau Diakonus Herwig in Eßlingen; die vierte Tochter, Lea, von vier Jahren mit Schuhmacherobermeister und Gemein=Deputierter Eipper und Frau Bortenmacher Haas von Eßlingen. Knieend wurde eines nach dem andern mit Wasser und Geist getauft unter Handauflegung des Täufers, und die ganze Gemeinde stimmte tief ergriffen zum Schluß in das Danklied Nr. 457 ein.

Ich denke der alten Zeit, der vorigen Jahre, an die Thaten und Wunder des Herrn. Jetzt scheut sich der Christ vielfach, seinen Glauben und Kirche offen gegenüber dem Juden zu bekennen, damals traten sie offen damit hervor, und selbst der Rat der Stadt blieb nicht zurück. Jetzt herrscht die Angst vor den Juden; schenkt der Herr die Gnade einer Judentaufe, so ist von einem öffentlichen Kirchgang keine Rede mehr, oft nicht einmal im öffentlichen Gottesdienst wird sie vorgenommen, sondern ganz still etwa in der Sakristei. Da heißt es nicht mehr: Ich rede von allen deinen Werken und sage von deinem Thun. Wo ist der Glaube, der Glaubensmut, die Bekenntnisfreudigkeit der alten Tage? Darum auch so wenig Eindruck auf die Juden. Laßt uns deshalb auch das Wort zu dem unsrigen machen: Ich denk der alten Zeit, der vorigen Jahre; ich gedenke an die Thaten des Herrn, ja ich gedenke an deine vorigen Wunder. Amen.

1 Kor. 16, 1.—4.

Der Apostel St. Paulus schreibt diese Worte an die Christen-Gemeinde zu Korinth. Diese Gemeinde in der reichen, blühenden Handelsstadt, welche zwischen zween Meerbusen lag, war von ihm gegründet (Ap. 18.) durch die einfältigste Predigt von Christus dem Gekreuzigten (1 Kor. 2, 1), und bestand meistens aus Heidenchristen. St. Paulus lenkt die Blicke dieser Heidenchristen auf die Christengemeinde in Jerusalem. Diese bestand meist aus Judenchristen, und zwar armen Leuten. Nicht als ob sich nur arme Juden zu Jesus dem Christ bekehrt hätten, nein sie hatten Güter und Habe im Ueberfluß gehabt (Ap. 2, 44. 45. 4, 32 ff.), aber sie waren arm geworden um Christi willen (Hebr. 10, 34. Ap. 8, 1.) Die Juden waren von Anfang an die erbittertsten Feinde Christi, von ihnen gingen deshalb auch die heftigsten Verfolgungen gegen die Judenchristen aus. Diese Leiden und Trübsale, welche die Judenchristen von den ungläubigen Juden zu erdulden hatten, waren so schwer, daß manche Judenchristen wankend wurden in ihrem Christenglauben und daran dachten, wieder zum Judentum zurückzukehren. Deshalb sieht sich, ebenso wie St. Jakobus (Jak. 1, 2 ff. u. s. w.), auch St. Paulus genötigt, einen Brief an sie zu richten als eine ernste Ermahnung, daß jeglicher Fleiß beweise, die Hoffnung festzuhalten bis ans Ende, daß ihr nicht wankend werdet, sondern Nachfolger derer, die durch Glauben und Geduld ererben die Verheißungen (Hebr. 6, 11 f.), ja bis aufs Blut zu widerstehen. Aber es ist nicht eine bloße Mahnung, welche er den um Christi willen arm gewordenen Judenchristen gibt, sich eben begnügen zu lassen mit dem, was da ist (Hebr. 13, 5), nicht der leere Trost: Gehet hin im Frieden, wärmet euch und sättiget euch! (Jak. 2, 16), sondern er sucht aufs ernstlichste ihnen in ihrer Not beizustehen und zu helfen. Er wendet sich an die Heidenchristen, und bittet sie um eine Steuer für die armen Judenchristen, zunächst an die Heidenchristen in Korinth, ebenso aber auch an die übrigen Heidenchristengemeinden, die sich sonst noch in Macedonien und Achaja oder Griechenland befanden (2 Kor. 8, 9. Röm. 15, 26), selbst die in der Hauptstadt Rom bittet er darum. (Röm. 15.) Und damit man nicht meine, er wende sich nur an diejenigen, die Ueberfluß haben (2 Kor. 8, 14.), läßt er dieselbe Bitte für die armen Heiligen zu Jerusalem auch an die Heidenchristen in Galatien ergehen (Gal. 2, 10.) und an andere arme Heidenchristen (2 Kor. 8, 2.). Ja, man kennt den Apostel gar nicht mehr, so voll ist er davon, so liegts ihm am Herzen, so sucht er's den Heidenchristen wichtig zu machen und ans Herz zu legen, so wenig schämt er sich des Bettelns für seine armen Judenchristen, daß er allein in seinem zweiten Brief an die Korinther in zwei ganzen Kapiteln (8. 9.) von dieser Steuer spricht, von dieser Kollekte redet. Er nennt sie bald eine Wohlthat (1 Kor. 16, 4.) oder Almosen (Ap. 24, 17.), bald eine Steuer, oder einfältige oder gemeine Steuer (Röm. 15, 26. 2 Kor. 9, 13.), bald eine Gemeinschaft der Handreichung (2 Kor. 8. 4.), bald einen Segen (2 Kor. 9, 5 ff.) oder endlich eine Frucht (Röm. 15, 28.) und Dienst (Röm. 15, 27.); aber er bittet nicht bloß die Heidenchristen für die Christen aus den Juden, sondern er ordnet diese Steuer, diese Kollekte in seiner apostolischen Vollmacht geradezu an, er befiehlt sie (1 Kor. 16, 1).

Diese seine Bitte, seinen Befehl schärft der Apostel mit gewichtigen Gründen den Heidenchristen ein. Vor allem erinnert er sie an die Gnade unseres Herrn Jesu Christi, daß, ob er wohl reich ist, ward er doch arm um euretwillen, auf daß ihr durch seine Armut reich würdet. (2 Kor. 8, 9.). Dann hält er ihnen das Exempel der Gemeinen in Macedonien vor: die, obwohl sie arm waren, doch reichlich gegeben haben in aller Einfältigkeit (2 Kor. 8, 2), und sucht sie dadurch zu reizen. Ferner mahnt er an das Säen und Ernten (2 Kor. 9, 6 ff.), sowie an ihre Liebespflicht, die Verschiedenheit des Besitzes auszugleichen (8, 15.), und reizt sie endlich dadurch, daß viele Gott danken für diesen unsern treuen Dienst, und preisen Gott über eurem unterthänigen Bekenntnis des Evangelii Christi und über eurer einfältigen Steuer an sie und an alle, und über ihrem Gebet für euch (9, 12 ff.). Man bekömmt ganz den Eindruck: St. Paulus kennt die Vorurteile, den Widerwillen, die Antipathie der Heiden gegen die Juden, der Heidenchristen gegen die Judenchristen, darum wird er nicht müde, einen Grund um den andern beizubringen, um die Heidenchristen zu dieser Steuer willig zu machen. Aber der Apostel fügt dem (Röm. 15, 27.) noch einen ganz andern Grund bei. Er sagt: es ist nicht bloß Liebesdienst an den armen Heiligen zu Jerusalem, sondern es ist eine Schuld, welche ihr Heidenchristen an den Judenchristen abzutragen habt: denn so die Heiden sind ihrer geistigen Güter teilhaftig worden, ist's billig, daß sie ihnen auch in leiblichen Gütern Dienst beweisen. Er ruft da Röm. 9—11 und besonders 11, 18. in ihr Gedächtnis zurück. Das soll hier nicht näher ausgeführt werden; das legte ich schon in dem Schriftchen „Die Juden vornehmlich" uns Heidenchristen aus Gottes Wort ans Herz, und möchte hier nur bitten, es als ein apostolisches Gotteswort auch „williglich zu thun". Denn der Apostel rühmts: „Sie haben's williglich gethan; wiewohl sie sehr arm waren, haben sie doch reichlich gegeben in aller Einfältigkeit; denn nach allem Vermögen, das zeuge ich, und über Vermögen waren sie selbst willig; und fleheten uns mit vielem Ermahnen, daß wir aufnähmen die Wohlthat und Gemeinschaft der Handreichung, die da geschieht den Heiligen."

Doch wir sind so vielfach träge, was wir thun sollen, und zwar gerade wir Christen. (Röm. 12, 11.). Deshalb ist's gut, in allem eine regelmäßige Ordnung zu beobachten. St. Paulus weiß, daß es besonders den armen Heidenchristen oft schwer wird, reichliche Steuer zu geben. Darum macht er nun eine Ordnung, deren Beobachtung er allen anbefiehlt, gebeut. Er ist ein praktischer Mann, der sich Menschen und Dinge so ansieht, wie sie in der Wirklichkeit sind, ein organisatorisches Talent — man verzeihe diese Fremdwörter — der nun seine Kraft auch in dieser Sache anwendet. Er befiehlt nämlich: Auf je der Sabbather einen, je am Sonntage lege bei sich selbst ein jeglicher unter euch, und sammle, was ihm gut dünkt, auf daß nicht, wann ich komme, dann allererst die Steuer zu sammeln sei. Das ist deutlich geredet.

Ihr Heidenchristen, sagt er, legt für die armen Judenchristen je am ersten Tage der Woche, an jedem Tag des Herrn, jeden Sonntag etwas bei Seite, was in euren Kräften, eurem Vermögen steht, was euch gut dünkt. Das thue aber ein jeglicher, von dieser Kollekte nehme sich kein einziger unter euch aus. Diese Kollekte sammelt, bringet sie zusammen, damit man sie nicht erst zu sammeln brauche, wann ich komme, sie zu holen, sondern dann alles bereit sei. St. Paulus spricht hier also von Gebern, Sammlern und von sich selbst als dem Hauptsammler, Darbringer und Verwender. Doch ist es auch möglich, schreibt er, daß ich Andere sende, damit sie hinbringen eure Wohlthat gen Jerusalem. Als diese Andern dürfen sie aber nicht jeden nächsten besten ansehen, sondern nur diejenigen, welche durch Briefe von ihm beglaubigt sind, welche Beglaubigungsschreiben von ihm aufweisen können (2 Kor. 9, 3—5. 8, 16—24.). Ja, St. Paulus sieht darauf, daß er selbst imstande ist, Rechnung von der empfangenen Steuer abzulegen, damit ihm niemand übel darum anreden möge. Auf diese Weise bringt er alles in Ordnung. Er ordnet die Kollekte an, befiehlt sie, richtet sie ein, organisiert sie, stellt Geber und Sammler auf, führt eine Rechnung dafür ein, damit alles redlich und ordentlich zugehe, — alles zu Dienst der armen Judenchristen. Bei keinem einzigen andern Werke macht er solche, und zwar solch eingehende Vorschriften.

Das gilt auch noch heute für uns. Von der Armut und Not, in welche die Judenchristen (Proselyten) um ihres Glaubens an Jesum den Christ, den Messias willen geraten, handeln andere Büchlein, besonders das mit dem Titel „Gebt ihr ihnen zu essen". Anderes, solche Erfahrungen dieser Proselyten, die wirklich das Herz erschüttern, wollen wir gerne den Missionsfreunden mitteilen. Dieser armen Proselyten nimmt sich auch unsere Württembergische Mission unter Israel an nach dem göttlichen Befehl durch den Mund St. Pauli, aber sie ist in ihrem Liebeswerk gehemmt, sie muß einen Proselyten zum den andern abweisen und sich fragen, ob sie, die ja mit ihrer Steuer ganz auf unser württembergisches Vaterland und die Liebe unserer Christen angewiesen ist, dieses Liebeswerk überhaupt noch so fort= treiben kann, weil die Steuer nicht reichlich ist, sondern kärglich. Die reformierte Kirche muß uns in ihrem Eifer für Judenmission zum Vorbilde dienen, und zwar sowohl in ihrem deutschen Zweig in der Schweiz (Basel), als im englischen in England, Schottland und andern Ländern mit ihren bedeutenden Anstalten für Pro= selytenpflege. Möge darum die dreihundertjährige Konkordien= Jubelfeier, welche unsere ganze evangelisch=lutherische Kirche und Mission, so auch unsere vaterländische Mission unter Israel am 25. Juni 1880 begehen durfte, uns dazu reizen, diesem Befehle St. Pauli mehr als bisher nachzukommen. Unsere Mission hat der Regelmäßigkeit halber nach St. Pauli Anordnung eine Fünf= pfennigkollekte. Da lege jeglicher am Sonntag fünf Pfennige oder was es sein mag, zurück, sammle es und übergebe es den Sammlern, oder werde selbst ein Sammler für andere. Kollekte= bögen sind immer zu haben bei uns. Es mag gesammelt werden für alle möglichen Zwecke, aber vergiß nicht, das zu thun, was dir die Bibel so bestimmt vorschreibt. In der ganzen Bibel findest du nirgends für irgend einen Zweck so bestimmte, ein= gehende Anordnungen, Befehle zu einer bestimmten, regelmäßigen, fortlaufenden Steuer, nur für die Unterstützung der armen Juden= christen, Proselyten, wie sie unsere Württembergische Mission unter Israel treibt, liegen solche Befehle vor. Darum, wer Ohren hat, zu hören, der höre! Amen.

Johs. 4, 27—42.

Dieses Evangelium war es, mit welchem der damalige Stifts= diakonus Richard Laurmann, † den 20. Januar 1890 als Stadtpfarrer der Stiftskirche zu Stuttgart, am Feiertag Philippi und Jakobi 1877 den Beginn unsrer Proselytenpflege feierte. Den Tag zuvor waren noch emsige Frauen= und Jungfrauenhände ge= schäftig, alles zur Aufnahme von zween zu Kischinew in Bessara= bien durch Pastor Faltin getauften Israeliten, welche sehnsüchtig auf den Eintritt warteten, zu bereiten, und so traten wir dank= baren Herzens in den 1. Mai ein. Um 10 Uhr vormittags riefen uns die Glocken in unser Dorfkirchlein, und es redete auf Grund obigen Tagesevangeliums Stiftshelfer Laurmann von dem Feld der Kirche Gottes. Er zeigte, wie dem natürlichen Blick dasselbe als eine Wüste erscheine, und zwar sowohl bei Betrachtung der Christenheit selbst, als auch beim Ansehen der Missionsarbeit unter Heiden und Juden; dagegen das Glaubensauge sieht nach dem Vorgange des Herrn Jesus, als er die durch das grünende Erntefeld zu ihm herwogenden Samariter betrachtete, zwar nicht ein reifes, goldenes Erntefeld, aber doch ein grünendes Saatfeld. Die Samariter, so schloß er, sagten zum Weibe, wir glauben fort nicht mehr um deiner Rede willen; wir haben selbst gehört und erkannt, daß dieser ist wahrlich Christus, der Welt Heiland. In der Mitte Württembergs, mitten in unserer Gemeinde, hat der Herr ein Missionswerk erstehen lassen, so daß wir nun in unsrer nächsten Nähe sehen können, was es heißt, Mission treiben; mögen die württembergischen Christen, möge besonders unsre Gemeinde auch die Erfahrung der Samariter machen: Wir glauben nun fort, wir treiben nun fort Mission nicht um Deiner Rede willen; wir habens selbst gesehen, selbst gehört und erkannt, daß die Mission ein Werk Gottes ist.

Nach dieser kirchlichen Eröffnungsfeier begaben sich einige Missionsfreunde ins Asyl. Wir lasen Psalm 24, übergaben im Gebet dem HErrn die ganze Sache, flehten ihn um seinen Segen an, und heiligtens so durch Wort Gottes und Gebet. 1 Tim. 4, 5. Nachmittags 2 Uhr versammelte sich die Gemeinde wieder im Hause Gottes zu einer allgemeinen Missionsversammlung. Nach Gesang und Gebet begann der Ortsgeistliche Pfarrer Völter, zugleich Schriftführer des Württ. Vereins für Mission unter Israel, mit Vorlesung von Matth. 13, 31. 32. Dieses Gleichnis, führte er aus, gibt die Entwicklung des Reiches Christi im Ganzen und Einzelnen an. Mit dem Kindlein in der Krippe zu Bethlehem fiengs an, und einem großen Baum gleichts nun; die Völker der Erde erfreuen sich seiner Segnungen. So gehts mit jedem gottgefälligen Werke im Reiche Christi, so auch bei unserer Judenmission. Da saßen vor etlichen Jahren am Tage der Uebergabe der Augsburgischen Konfession 5 Männer in einem Hause Stuttgarts. Bei verschiedenen Christen Württembergs war angeklopft worden, aber umsonst; es bewahrheitete sich das Wort eines mit Württemberg bekannten englischen Judenmissionars: „Die württembergischen Christen haben kein Interesse an der Judenmission; wenn ich meine, einen dafür gewonnen zu haben, so ist bei meinem nächsten Besuch alles wieder erkaltet". Doch die fünfe hatten sich versammelt, und unter Gottes Wort und Gebet berieten sie sich, was sie für die Juden unsres Landes thun könnten. Von den im ev.-luth. Zentralverein verbundenen deutschen Brüdern war die Anregung ausgegangen, und so verstand es sich von selbst, daß wir uns an sie anschloßen. Aber werden wir auch den jährlichen Beitrag von 75 ℳ aufbringen? so fragten wir uns ängstlich. Und siehe da, wie hat der Herr das Senftorn gesegnet! Es ist noch nicht zum Baume geworden, aber doch zum Bäumlein; denn es liegt göttliche Kraft im Senfkorn. Nun will der liebe Gott einen neuen Zweig am Bäumlein wachsen lassen, nemlich die Pflege von gläubigen Israeliten. Auch das beginnt so gering. Da hat uns ein Glied unsrer Gemeinde ein Zimmer eines leerstehenden Hauses überlassen, und ein getaufter Israelite ist ins Stüblein eingezogen, einen zweiten erwarten wir noch aus dem Kriegsgetümmel zu Kischinew heraus; wie klein vor den Augen der Welt, wie schwach, wie verachtet! Und doch, wenn nur Gott seine Kraft hineinlegt, so wird auch das wachsen. Es ist dieses neue Gewächs ein Ableger, ein Ableger aus der so reich gesegneten Judenmission zu Kischinew, wo der Herr den lutherischen Pastor Faltin das Netz auswerfen läßt. Einen Ableger muß man sorgfältig pflegen. So sei auch dieser zarte Ableger der Pflege der Christen Württembergs, sonderlich unsrer Gemeinde herzlich empfohlen!

Darnach stellte Stiftshelfer Laurmann diesen kleinen Anfang in das große Ganze des Reichs Gottes hinein und knüpfte an einen Besuch August Hermann Francke's bei dem frommen Prälaten Hochstetter, Abt von Bebenhausen, an. Seite 68. In unserem kleinen Werk erfüllt sich sonach auch der Gebetswunsch dieses alten württ. Gottesmannes. Es sind mir dabei, fuhr er fort, besonders drei Worte der heiligen Schrift eindrücklich. Das eine Joh. 19, 19. 20.: Jesus von Nazareth, der Juden König. Diese Worte waren geschrieben auf hebräische, griechische und lateinische Sprache. Nicht bloß in griechischer und lateinischer Sprache, nicht bloß den Heiden, sondern auch in hebräischer Sprache, auch den Juden muß das Evangelium verkündigt werden: Jesus von Nazareth, der Juden König. Das andere ist Röm. 9, 1—3. Die Liebe St. Pauli zu Israel thut uns not, da er wünscht, verbannet zu sein von Christo für seine Brüder nach dem Fleisch, damit diese selig würden. Die dritte Stelle Matth. 25, 40.: Was ihr gethan habt Einem unter diesen meinen geringsten Brüdern, das habt ihr mir gethan. Die Juden sind verachtet, gehören zu den geringsten Brüdern, aber doch zu den Brüdern des Herrn Jesus. Jede Judenseele müssen wir dem Herrn abringen, auch die Schwachen tragen und pflegen, sie nicht gleich wegwerfen. Dann wird uns der Herr auch Gnadenlohn dafür schenken.

Endlich schloß Pfarrer Zeller von Neckarweihingen mit Sach. 8, 13. Er zeigte, wie die Juden unter dem Fluche des Herrn stehen, und wies an einzelnen treffenden Beispielen nach, wie die Juden auch für uns ein Fluch seien, was man besonders darin sehe, daß sie die Gesetzgebung dazu zu benutzen suchen, das Christentum aus unsrem Volksleben hinauszuschaffen; aber dabei bleibe die Verheißung des Herrn, er wolle sie erlösen, daß sie sollen ein Segen sein. Daß Israel ein Segen werde, darin dürfen nun auch wir an unsrem Teile mitarbeiten, und je treuer wir es thun, desto mehr Frucht wird dabei herauskommen. Er empfahl dabei den kleinen Ableger dringend der Liebe und dem Gebet aller Christen unsres Landes, besonders unsrer Gemeinde. Nach Gebet, Gesang und dem Segen des Herrn eilten die Versammelten ihrem Heim zu, wie wir zu Gott hoffen, mit bleibendem Segen. So ist in den Weckstimmen 1877 Nr. 3 die Eröffnungsfeier des Proselytenasyls zu Neckargröningen beschrieben, und zum Anfang sind einige der dabei gesungenen Verse angegeben:

> Wohlauf, mein Herze, sing und spring,
> Und habe guten Mut.
> Dein Gott, der Ursprung aller Ding,
> Ist selbst und bleibt dein Gut.
>
> Er hat noch niemals was versehn
> In seinem Regiment,
> Nein, was er thut und läßt geschehn,
> Das nimmt ein gutes End.
>
> Ei nun, so laß ihn ferner thun
> Und red ihm nicht darein,
> So wirst du hier in Frieden ruhn
> Und ewig fröhlich sein.

Seitdem sind 1½ Jahrzehnte verflossen, das Asyl ist am Feiertag Philippi und Jakobi 1879 nach Cannstatt verlegt worden, 1880 nach Fellbach, und infolge des am 29. Dez. 1881 dort entschlafenen Proselytenvaters und Missionars Pastor Hörig kam es nach Großingersheim wieder unter die unmittelbare Leitung des Begründers der württembergischen Mission unter Israel: was ist nun das Ergebnis dieser Thätigkeit?

Gewiß gilt auch dem jüdischen Proselyten St. Pauli das Wort: Ein jeglicher bleibe in dem Beruf, darinnen er berufen ist 1 Kor. 20, 7—24, bleibe in den natürlichen Verhältnissen, in welche ihn Gott gestellt hat, darin wandle er als Knecht Christi, darinnen bleibe er bei Gott, eingedenk des Wortes Christi: Ihr seid das Salz der Erde; ihr seid das Licht der Welt. Matth. 7, 13. 14. Diese Worte wollen dem Hochmut, sowie der Kreuzesscheu so mancher Christen aus den Juden und Heiden wehren, welchen ihr natürlicher Stand zu gering däucht, die deshalb etwas Besonderes im Reich Gottes werden möchten. Und leider, wie mancher hat seinen Ungehorsam gegen dieses Wort schon schwer büßen müssen! Aber bei dem furchtbaren Haß der Juden gegen den Herrn Jesum und die Judenchristen gibt es eben manche, wohl viele jüdische Proselyten, denen es unmöglich ist, in diesem Beruf zu bleiben, an denen sich das Wort Jesu Matth. 19, 29. Marc. 19, 29. 30. buchstäblich erfüllt. Und sonderlich für diese steht das andere Wort Jesu Matth. 25, 40. 45. :c. als ein Mahnwort an uns geschrieben. „Wer einem Juden, so sagt auf Grund seiner vielen Erfahrungen Bischof Gobat in Jerusalem, nicht dazu verhelfen will, daß er in den Stand gesetzt werde, sein eigen Brot redlich zu verdienen, der soll auch keinen taufen." Und Professor Franz Delitzsch schreibt bei einem traurigen Fall, da ein Proselyt bei Christen eine Heimat suchte, aber keine fand: „Das ist wieder das alte traurige Lied von den armen Verfolgten, die um des Herrn willen Vater und Mutter und alles verlassen müssen, und eine Heimat bei Christen suchen, aber keine finden." Auf die Notwendigkeit der Proselytenpflege habe ich selbst in manchen meiner Reden, besonders in der über Luc. 9, 11.—17. hingewiesen. Nicht eigener Wille und eigene Gedanken waren es, steht schon in den Weckstimmen 1877, welche unsere Württ. Mission unter Israel bewogen, diese schwere Aufgabe in die Hand zu nehmen, sondern wiederholte, immer dringendere Bitten von solchen Missionsfreunden, welche mitten im Feuer stehen, und schon manches verlorene Schäflein aus dem Hause Israel dem Herrn zuführen durften, ließen uns die Sache beginnen, gewiß des Willens Gottes, der da will, daß niemand verloren gehe. Es ist allerdings richtig, was der langjährige Vorsitzende des mit uns verbundenen bayerischen Vereins zur Verbreitung des Christentums unter den Juden Professor Dr. Gustav L. Plitt in Erlangen, † 10. Sept. 1880, an uns schrieb: „Was Sie jetzt beginnen, ist das Schwierigste in der Judenmission, und doch etwas durchaus Notwendiges, bei uns viel zu lange Versäumtes. Seien Sie nur recht vorsichtig, und verhüten Sie, daß Ihre Zöglinge von Missionsfreunden verzogen werden." Diese Schwierigkeiten haben wir reichlich erfahren, dürfen aber auch zum Preise Gottes bekennen, daß durch unsern Dienst schon manchem dieser armen Proselyten auf die eine oder andre Weise geholfen wurde, wenn er sich hat helfen lassen wollen. Vor allem suche man solche Proselyten in christlichen Familien unterzubringen, welche den Willen und das Geschick zur Aufnahme und Pflege solcher armen Verstoßenen aus Israel haben. Es mutet einen wohlthuend an, von solchen Freunden Israels folgende Beschreibung zu hören, wie sie mir aus Anlaß meiner Rede über Psalm 77, 66. 12. von einem Freunde Israels zukam. Die von Stuttgart anwesenden Taufpaten Häring, Enßlin, Baumann, Josenhans, schreibt er, waren die Hauptpietisten in Stuttgart, in freundlichem Spotte auch das „kleine Konsistorium" genannt. An diese wurde Goldberg zur Beratung und Leitung empfohlen. Diese wiesen die Familie nach vorheriger Beratung mit den Eßlinger Brüdern Herwig, Bertsch, Haas, Cipper nach Eßlingen, weil der Aufenthalt dort ihnen geeigneter erschien, als in Stuttgart, man könne dort sie mehr in der Stille und mit genauerer Aufsicht beobachten, als in Stuttgart. Die Stuttgarter waren aus früheren Erfahrungen mit jüdischen Proselyten sehr vorsichtig geworden, und wollten Goldbergs ernstlich prüfen, und in der Demut erhalten, nicht aus Furcht vor den Juden, denn deren waren in damaliger Zeit mehr in Eßlingen, als in Stuttgart. Kaufmann Häring war ein sehr behutsamer, alles wohl überlegender, kurzum sehr weiser Mann, Enßlin etwas bestimmter und rascheren Gemüts, Baumann ein stiller, weitgereister Mann, berühmter Optiker, dessen Instrumente heute noch gesucht sind; er war ein ausgebildeter Astronom, und hatte oben auf seinem sonst kleinen Haus eine Sternwarte. Josenhans, geboren 1780, † 1847, war zwar nur ein Gerber, doch sehr bewandert in der Kirchengeschichte und erbaulichen Literatur, innig befreundet mit Ludwig und Wilhelm Hofacker, welch letzterem er bei der Herausgabe von Luthers Kirchenpostille hilfreich zur Hand gieng. Sein Charakter war sehr energisch; hatte er etwas als richtig erkannt, so ließ er sich von der Erreichung des Zieles nicht durch Hindernisse abschrecken, ließ sich aber von dem Rat des stilleren, behutsamen Häring gerne zügeln. Diese vier Männer waren mit einander verbunden in der Liebe zum Reiche Gottes, und thätig zur Ausbreitung desselben, sowohl bei der Gründung der Bibelanstalt, als der Mission in Württemberg, hatten ein offenes Herz für alle, die den Herrn Jesum lieb hatten, und standen darum in Verbindung mit vielen Gläubigen in Deutschland, der Schweiz, England, Frankreich und Rußland, aber alles in der Stille und ohne viel Aufsehen zu machen. Verschwommenes, Tändelndes, bloß Gefühliges lag ihnen ferne, sie waren Männer mit festem Ziel im Auge, und standen in der Zucht des heiligen Geistes. Von ihnen wurden auch die Goldbergschen älteren Töchter in ihre Häuser aufgenommen, um sie an eine christliche Hausordnung und Arbeit zu gewöhnen, sie blieben lebenslang in Verkehr mit Goldbergs, und bis heute besteht ein lebendiger Verkehr mit Goldbergs Enkeln fort. Ja, Gott sei Dank für solche christliche Familien, aber wie wenig sind deren, und wenn sie auch den Mut dazu hätten, so gelingt oft die schwere Aufgabe nicht. Schon Monate lang suchte ich Land auf Land ab nach solchen, besonders solchen Handwerkerfamilien, aber vergeblich, niemand will jüdische Proselyten in seinem Hause, an seinem Tische haben. Dies ist auch nicht verwunderlich. Denn der große Gegensatz zwischen den Juden und den übrigen Völkern Eph. 2, 14.—16. besteht bis heute, ja ist heute so stark wie je. Sodann sind und bleiben die Juden, auch wenn sie noch so lang im Abendlande leben, eben ein morgenländisches Volk. In dem Stadtteil Krakaus, wo ausschließlich Juden wohnen, genannt Kazimierz, schreibt Missionar Paulus Dworkowicz, herrscht am Freitag ein Treiben, Rennen und Jagen der Käufer und Verkäufer, wie zu Jerusalem an den drei Hauptfesten. Die galizischen Juden, alt und jung, reich und arm, kleiden sich noch wie im Mittelalter, in echt orientalischer Tracht, und so erscheinen sie auch täglich um 12 Uhr auf dem Ring, und bilden dort auf offener Straße die Börse. Wenn man durch die Straßen von Kazimierz wandert, so fühlt man sich eher nach Palästina zur Zeit Christi zurückversetzt, als in Oesterreich. Endlich verbirgt sich's bei keinem Juden, daß er ein Glied desjenigen Volks ist, das wegen seiner Verwerfung des Sohnes Gottes, des Messias, unter dem göttlichen Fluche steht. Das alles zeigt sich auch bei einem Proselyten, jeder hat seine Volkssünden und seine besonderen Sünden, aber sollte nicht die Liebe Christi so kräftig sein, daß ein Freund Israels gerade ihm sein Herz und Haus öffnet, daß ein Proselytenvater, wenn es ohne einen solchen nicht geht, ihn in seine Familie aufnimmt und behält, auch wenn er schlimme Erfahrungen mit dem und jenem macht? Wer freilich mit unreifer Begeisterung an die Sache geht, der wird bald die Hand vom Pflug legen; wer sich überschwenglichen Hoffnungen hingibt, der wird von einer Enttäuschung in die andere fallen; wer nicht aus der Bibel die Kunst der Erziehung gelernt hat, der wird bald am Ende seiner Künste angekommen sein. Knaben und Mädchen, Jünglinge und Jungfrauen hatte ich schon erzogen, Männer geleitet, welche nun in den verschiedensten Stellungen und Ständen segensreich wirken, aber bei den jüdischen Proselyten wollte meine ganze Erziehungskunst zu Schanden gehen. Der jüdische Stolz hielt für wahr, was als Gerücht unter Juden verbreitet war, es handle sich um Stellen als Talmudlehrer an der Universität zu Neckargröningen: welch eine Enttäuschung, wie das einfache Dörflein sie als Schüler aufnahm! Die morgenländische Genußsucht erklärte, jede Woche für Cigarren und Tabak drei Mark zu brauchen, wie schwer ward's, sich allmählig das abgewöhnen zu müssen! Was er verleugnet, wollte mancher alsbald 100fältig im leiblichen Sinn wieder finden, und es kostete Mühe, ihn vom sparsamen Gebrauch der Missionsscherflein zu überzeugen. Die jüdische Abneigung gegen Arbeit im Schweiß des Angesichts mußte sich bequemen zur Arbeit im Garten, Feld und Haus; das Wanderleben sich in feste, bestimmte Hausordnung fügen; die hohe Meinung des rabbinisch oder talmudisch Gebildeten sich beugen vor dem evangelischen Theologen, der vielleicht nicht so bewandert ist im Talmud und dem rabbinischen Studium, aber um so mehr in der hebräischen Grammatik und Wissenschaft seine Ueberlegenheit zeigt und bei Gelegenheit jenem Mängel und Fehler aufdeckt; das ganze Leben mußte zu einem genügsamen und geordneten werden, mit rechter Arbeit und Kraftanstrengung. Das ginge viel leichter, wenn das böse Beispiel so vieler Christen nicht schlimm wirkte, wenn nicht geradezu manche es darauf anlegten, Proselyten zum Fressen und Saufen und zu andern Sünden zu verführen. Um so weniger lasse es der Proselytenvater selbst samt seiner Familie am christlichen Leben und Wandel fehlen, zeige Liebe mit Strenge, Milde mit Festigkeit, und lasse sich besonders durch hervortretende Sünden und Fehler nicht aus der Fassung bringen. Wenn er etwa in der Hitze beladen mit Pack von Missionsschriften schweiß= triefend in Christengemeinden eilt, um dort in Missionsgottes= diensten für seine Proselyten zu wirken, und der ihn begleitende Proselyt sagt: Herr Pfarrer! aber ich sehe nicht ein, warum ich mich mit diesem Pack so abmühen soll, ich will lieber wieder heim= kehren: da nehme er ihm die Last ab, lasse ihn getrost ziehen und thue ohne Murren sein Werk weiter; klagt jener über die Beschwerlichkeit seiner Arbeit, so weise er ihn auf die noch größere seiner eigenen; ist jener unzufrieden mit der Verleugnung, so zeige er ihm, daß er noch viel mehr Verleugnung übe um Christi willen; deutet jener auf Unbilden seitens mancher Heidenchristen, so be= antworte er das mit dem Hinweis auf die noch größeren Unbilden, welche ihm Judenchristen bereiten und die ganze Thätigkeit für die Juden. Der Proselytenvater steht manchmal beinahe ratlos da. Sind mehrere Proselyten beisammen, so gehts nicht ohne Streit ab; denn der Rabbiner sieht auf den Talmudisten, der Talmudist auf den gewöhnlichen Juden herab, der Chacham oder Weise auf den Gemeinen, der Gelehrte auf den Ungelehrten, und wem nicht die ihm seiner Meinung nach gebührende Ehre wird, der grollt deshalb dem andern. Lebt aber der Proselyt in Ge= meinschaft mit Heidenchristen, was das beste ist, so kann er sich auch mit diesen nicht vertragen; er hat allerdings manches von diesen zu erdulden, was ihrer Abneigung gegen die Juden entspringt, muß sich allerlei Spott wegen seiner Eigentümlichkeiten, üblen Ge= wohnheiten, des ihm anhaftenden jüdischen alten Menschen und was mehr ist, gefallen lassen, aber statt sich darunter zu beugen und durch seinen Glauben, Liebe und Geduld die andern zu be= beschämen, reizt er sie noch mehr dadurch, daß er sich im Stolz auf die göttliche Auswahl Israels beruft, uneingedenk dessen, daß das Israel der Gegenwart das Volk des göttlichen Fluches ist. Eines Tages kam ein Zögling der Wiener Rabbinerschule zu mir, welcher ein Christ zu werden wünschte. Er erzählte von seinen bisherigen Studien und hoffte in unserer Missions= und Prediger= schule eine Förderung zu gewinnen. Ich setzte ihn unter die Zahl der aus Judenchristen und Heidenchristen bestehende Zöglinge, welche

eben die Erklärung eines neutestamentlichen Kapitels in ihr Bibel=
leseheft schrieben, und gab ihm auf, er möge 1. Mose 1 lesen, und
unter Benützung der ihm gegebenen Erklärungen seine Gedanken
niederschreiben. Offenbar war ihm dies bei seinem bisherigen mecha=
nischen rabbinischen Studium ungewohnt; wie er sah, daß die übrigen
Zöglinge innerhalb einer Stunde fertig wurden, ward sein jüdischer
Stolz getroffen, er wand sich wie ein Wurm, hatte diese und
jene Ausreden, und ich mußte bis tief in die Nacht bei ihm blei=
ben, um ihn dahin zu bringen, daß er eine Seite voll schrieb.
Des andern Tags schnürte er sein Bündelein, unter dem Vorwand,
er passe nicht hieher, die übrigen Zöglinge seien weiter in ihren
Kenntnissen, als er, und zog so seine Straße weiter. Solche Er=
fahrungen sollen den Freund Israels nicht entmutigen. Wie darf
er neben diesen auch manche freudige Erfahrungen machen, welche
ihn für alles andere entschädigen! Mancher hats schon dankbaren
Herzens weithin unter Juden verkündigt, daß es Christen gebe,
welche die Juden lieben, und das rührte sie so, daß sie zum Pastor
kamen, sich nach diesem Werk der Judenliebe erkundigten, sogar
auch Beiträge dafür gaben. Oder ists nicht eine Freude, diese in
gesegneter Arbeit als Prediger oder Lehrer zu sehen, jene den
Samen des Evangeliums unter ihrem Volk ausstreuen zu wissen?
Gereichts nicht zum Dank gegen Gott, den Geber alles Guten,
wenn der oder jener als Kaufmann oder Handwerker seines
Glaubens lebt oder als Arbeiter sein täglich Brot verdient? Am
meisten Freude aber bereitet es, wenn etwa ein verlorener Sohn
zurückkommt mit dem Bußruf: Vater, ich habe gesündigt in den
Himmel und vor dir; ich bin nicht wert, daß ich dein Sohn heiße.
Unsre Proselyten verlieren sich ja in der Christenheit: mögen nur
die christlichen, die ev.=lutherischen Gemeinden, besonders aber deren
Prediger sich derselben annehmen, sie in ihren Schwachheiten und
Fehlern tragen, und ihnen die Heimat nicht vorenthalten, welche
sie um Christi willen verlassen. Der Herr aber, unser Gott, sei
uns auch ferner freundlich, und fördere das Werk unsrer Hände
bei uns, ja das Werk unserer Hände wolle er fördern. Psalm
90), 17. Amen.

Röm. 10, 1.—12.

Aufgefordert vom Vorstand unserer vaterländischen Mission unter
Israel, am heutigen Jahresfest (St. Bartholomäus 1889)
auch noch ein Wort zu reden, bin ich der Einladung gerne gefolgt;
denn die Mission unter Israel ist auch mir eine Herzenssache, schon

um des Missionsbefehls willen, der alle Völker, alle Kreatur, alles, was Mensch heißt, es seien Juden oder Heiden, umfaßt. Aber nicht nur um dessen willen. Auch um des innigen Zusammenhangs willen, in dem Israel mit der Kirche Christi steht, darum, daß Christus, das Haupt Seiner Kirche und Seines Leibes Heiland, der da ist Gott über alles gelobet in Ewigkeit, dem Fleische nach herkommt aus Israel; darum, daß die lieben Apostel, auf deren Grund die Kirche erbaut ist und deren Namen geschrieben sind in die Gründe des neuen Jerusalem, aus Israel sind; darum, daß der Herr Jesus, der unser Friede ist, aus beiden, aus Juden und Heiden, Eines gemacht hat, aus den Zweien Einen Menschen in Ihm selber, die eine Heerde unter Ihm, dem Einen Hirten, Seinen Einen heiligen Leib geschaffen hat; darum, daß die Gläubigen und Auserwählten aus Israel den Grundstock der Kirche bilden und dadurch auch unsere Mitgenossen, unsere Väter und Brüder geworden sind. Und aus diesem Grunde ist mir insonderheit auch unsere vaterländische Mission unter Israel an's Herz gewachsen, weil sie nichts anders will, als beides zumal: Israel dienen von unserer Kirche aus und der Kirche wieder dienen an Israel. Denn — um es gleich offen zu bekennen — ist meine Liebe zur vaterländischen Judenmission insonderheit auch darin begründet, daß sie unter ihrem Begründer und Leiter zugleich eine ev.-luth. Mission ist und sein will, daß sie auf dem lautern Glaubens- und Bekenntnisgrund der Kirche Luthers gegründet, erwachsen und eingewurzelt ist und in dem nüchternen Sinn und Geist dieser unserer ev.-luth. Kirche geleitet wird. Ueber dies Missionswerk unter Israel selber reden andere beredtere Zungen solcher, die in diesem Werke stehen und aus eigener Erfahrung heraus reden können, was ich nicht kann; ich will darum heute eine andere, seltener berührte, aber ebenso bedeutsame Seite dieses Missionswerkes etwas beleuchten, nämlich den Zusammenhang der Mission unter Israel mit der ev.-luth. Kirche. Und zwar will ich dies ganz nach unserem verlesenen Gotteswort thun, und ihr möget prüfen, welche Begründung das, was ich sage, in Gottes Wort hat. —

Judenmission und luth. Kirche, überhaupt Mission und Konfession — in welchem Zusammenhang sollen diese stehen, was sollen diese mit einander zu thun haben? Sie sollen eben nichts mit einander zu thun haben; in der Mission soll man eben die Juden, wie die Heiden, nicht zu einer bestimmten Konfession, sondern zu Christo und zum Christentum führen, sie nicht zu Lutheranern, sondern zu evang. Christen überhaupt und im Allgemeinen machen. Es sind uns diese Stimmen nicht unbekannt. Ja, es ist uns auch nicht unbekannt, wie gerade die Judenmission nicht selten dazu dienen muß, durch so manches, was sich ihr anhängt, Aug und Herz zu sehr und zu einseitig hinauszurichten in die

Zukunft, in eine Zeit der Neugestaltung und Neubelebung der heidenchristlichen Kirche, welche von dem wiederbekehrten Israel dereinst ausgehen, mit der gehofften und ersehnten Gesamtbekehrung Israels anbrechen soll, dagegen Aug und Herz abzuwenden von der Vergangenheit und Gegenwart der Kirche in dem Maße, daß man darüber vergißt oder gering achtet, was der Herr seither Großes an Seiner Kirche und in ihr gethan hat und noch thut; und was Er ihr und in ihr Herrliches gegeben hat und noch gibt, auch in diesen Tagen der geringen Dinge.

Wir wollen gegenüber diesen Stimmen diese Stimme unseres verlesenen Gotteswortes reden lassen. Dasselbe ist aus dem 10. Kap. des Römerbriefs genommen. Das 10. Kapitel ist die Mitte und der Mittelpunkt der drei gewaltigen Kap. 9—11, die vom Volke Israel, von seiner Stellung in und zu der Kirche handeln, die Israels Vergangenheit und Zukunft, seinen Fall und seine Hoffnung uns Heidenchristen beleuchten, das große Rätsel Israels seit seiner Verwerfung nicht nur aufstellen, sondern auch für den Glauben lösen. Und eben diese Lösung gibt das 10. Kapitel in den verlesenen Worten. Im 9. Kap. hat der Apostel die That= sache der Verwerfung Israels bezeugt; im 10. gibt er nun den Grund, die Ursache dieser Verwerfung an.

1. Warum ist das Volk Israel, welchem gehört die Kind= schaft und die Herrlichkeit und der Bund und das Gesetz und der Gottesdienst und die Verheißung, welches auch sind die Väter, aus denen Christus herkommt nach dem Fleisch, warum ist dies Volk, dem auch das Evangelium in erster Linie gehörte, verworfen worden? Der Apostel spricht unter innigster Teilnahme an dem Schicksal seines Volkes und unter den heißesten Herzenswünschen für dessen Heil aus, was die Ursache ist. Sie liegt nicht irgendwie in äußeren Verhältnissen, in nationaler Eigentümlichkeit des Volkes, sie liegt ebenso wenig in einem vorzeitlichen Verwerfungsratschluß Gottes über Israel, sondern sie ist in den verborgenen Tiefen des Menschenherzens zu suchen. Das, was jetzt noch die Ursache der Verwerfung und des Verlorengehens ist, war es auch damals bei Israel: sie erkannten nicht die Gerechtigkeit, die vor Gott gilt, sondern trachteten ihre eigene Gerechtig= keit aufzurichten und waren der Gerechtigkeit, die vor Gott gilt, nicht unterthan. Denn Christus ist des Gesetzes Ende; wer an den glaubt, der ist gerecht. Die Ursache ist die Selbst= und Eigengerechtigkeit, dies mächtigste Bollwerk des natürlichen Menschen, die sie aufzurichten trachten, von deren erträumten Höhe Israel herabzusteigen bis heute noch nicht über sich vermocht hat, und in welcher es stolz und hoch= mütig der Gottesgerechtigkeit sich nicht unterworfen, sie vielmehr in trotzigem Ungehorsam von sich gestoßen hat. Die Schuld liegt

zuletzt an Israel ganz allein, an seinem **Unglauben**; es hat an Den, Der des Gesetzes Ende ist, und durch Den, wer an Ihn glaubt, gerecht wird, an Jesum Christum nicht geglaubt, Ihn im Unglauben verworfen und in diesem Unglauben gegen seinen Christus bis auf diese Stunde beharrt. Die Rechtfertigung durch den Glauben aber gibt den Ausschlag vor Gott; nur wo die Rechtfertigung durch den Glauben eingetreten, da ist die neue Kreatur, die Gott wohlgefällt; ohne die Rechtfertigung durch den Glauben sind alle Werke und alle Gerechtigkeit vor Gott eitel hinfällig; ist auch aller Gottesdienst und alle Gerechtigkeit Israels seit 1800 Jahren vergeblich und verloren. Der Apostel spricht deshalb über die 1800jährige Vergangenheit Israels das kurze, aber inhaltschwere Urteil: **ich gebe ihnen das Zeugnis, daß sie eifern um Gott, aber mit Unverstand.** Das ganze Judenvolk seit 1800 Jahren in blindem, unverständigem Eifer um Gott, ohne richtige Erkenntnis, welch' ein jammervoller Zustand! Doch damit wir, die wir von den Heiden herkommen, uns nicht überheben über Israel, wollen wir nicht der Klage vergessen, die Bengel bei diesem Wort des Apostels erhebt: Die Juden hatten und haben den Eifer ohne die richtige Erkenntnis; wir dagegen, o wie betrübt, haben die richtige Erkenntnis ohne den Eifer! Es wäre nötig und heilsam, einmal im Missionsblatt dies Wort des Apostels zu illustrieren und unserer Christenheit zu ihrer Beschämung vor Augen zu halten, wie die Juden, um zu der Hoffnung Israels zu gelangen, Gottesdienst thun Tag und Nacht emsiglich Apg. 26, 7.

Was also zu allen Zeiten, bei allen Menschen, in allen Kirchen das Entscheidende und das Scheidende ist und bleibt, das ist's auch bei Israel gewesen und ist's noch: Die großen Gegensätze, in welchen die Offenbarung Gottes in der h. Schrift und das Bekenntnis der Kirche Gottes, Lehre und Leben sich bewegt, nämlich Sünde und Gnade, Gesetz und Evangelium, Glauben und Werke. Das ist der Weg Gottes mit Israel gewesen, darauf hat die ganze Erziehung mit diesem Volke hingezielt, auf Christum, des Gesetzes Ende und Seine Gerechtigkeit, darauf, daß Israel aus der Sünde durch das Gesetz, als den Zuchtmeister auf Christum hindurch, zu der Gerechtigkeit gelange, die vor Gott gilt und die da kommt durch den Glauben an Christum. Dieser Weg ist ja Israel von Gott schon vorgezeichnet und angebahnt gewesen in seinem Stammvater Abraham: Abraham hat Gott geglaubt, und das ist ihm gerechnet zur Gerechtigkeit. Das Zeichen der Beschneidung aber empfing er zum Siegel der Gerechtigkeit des Glaubens, auf daß er würde ein Vater aller derer, die da glauben, daß denselben solches auch gerechnet würde zur Gerechtigkeit Röm. 4, 11. Und die Propheten haben diesen Weg weiter verfolgt und weiter gebahnt und immer klarer bezeugt auf den, der da kommen sollte als der Knecht des Herrn, der unsere Sünden auf sich nehmen und unsere Strafe tragen sollte, auf daß wir Frieden hätten, und durch Seine Erkenntniß als der Gerechte viele gerecht machen Jes. 53, durch den als den Menschensohn dem Uebertreten gewehret, und die Sünde zugesiegelt, und die Missethat versöhnet, und die ewige Gerechtigkeit sollte wiedergebracht werden Dan. 9, 24, dessen Name sein werde: Der Herr, der unsere Gerechtigkeit ist Jer. 23, 6, und von dem die Gerechtfertigten rühmen werden: Ich freue mich in dem Herrn, und meine Seele ist fröhlich in meinem Gott, denn Er hat mich angezogen mit Kleidern des Heils, und mit dem Rock der Gerechtigkeit hat Er mich bekleidet, wie ein Bräutigam mit priesterlichem Schmuck gezieret und wie eine Braut in ihrem Geschmeide pranget Jes. 61, 10. Und über diesem Wege hat es sich geschieden in Israel bis auf diese Stunde, daß, die da sind des Glaubens Abrahams, und nur diese, auch Abrahams Kinder sind, daß nicht alle Israeliten sind, die nach dem Fleisch Kinder sind. Dieser Weg wird der einzige Weg zum Heil sein und bleiben bis an's Ende auch für Israel, und eben darum wird auch über diesem Weg es sich immer bis zum Ende scheiden in Israel; die Scheidung darüber fortgehen durch Israel, immer ein Unterschied bleiben zwischen dem Israel nach dem Fleisch und dem Israel nach dem Geiste, und sich niemals mit diesem decken; es wird sein Verbleiben haben bei dem Wort des Apostels: was Israel sucht, erlangt es nicht, die Wahl aber erlangt es, die andern sind verstockt Röm. 11, 7. Dies Licht der Glaubensgerechtigkeit, welches in Abraham über Israel ist aufgegangen und durch die Propheten an Licht und Stärke zugenommen hat, ist zur leuchtenden Sonne geworden durch Paulus, den Apostel der Glaubensgerechtigkeit unter Juden und Heiden.

Und nun bedarf es nicht mehr erst der Frage: was hat Judenmission und luth. Kirche miteinander zu thun? Nun stehen wir bereits mitten drin im tiefsten, innigsten Zusammenhang zwischen beiden. Die Entwicklung geht von dem Apostel Paulus in gerader Linie weiter zu Luther, dem Erben des Geistes, des Glaubens und der Lehre St. Pauli von der Rechtfertigung durch den Glauben. Nach Paulus, nach der apostolischen Zeit und nach Augustinus hat die Christenheit im Großen und Ganzen wieder die verderblichen, verkehrten Wege Israels eingeschlagen: vom Evangelium zum Gesetz, von der Gnade zum Verdienst, vom Glauben zu den Werken. Die Kirche war wieder zu einer Gesetzesanstalt und Gesetzesgemeinschaft geworden, in der nicht mehr der evangelische Weg bezeugt wurde: Christus ist des Gesetzes Ende, wer an den glaubt, der ist gerecht, sondern der Weg des Gesetzes: welcher Mensch dies thut, der wird darin leben, in welcher der Glaube selber zu einem Thun gemacht war, zu einem Thun, zu dem noch ein mannigfaches anderes Thun hinzukommen mußte, durch welches alles das Gewissen doch zu keiner Ruhe kommen, der Mensch doch seines Heils nicht gewiß und froh werden konnte. Luther aber, von der Lebensfrage bewegt: was muß ich thun, daß ich selig werde? hat diesen Gegensatz der Selbstgerechtigkeit und Glaubensgerechtigkeit in sich selbst durcherlebt unter schweren, inneren Kämpfen und hohen geistlichen Anfechtungen und hat den kühnen Sprung auf Tod und Leben gewagt, den Sprung heraus aus der Gerechtigkeit der Werke hinein in die Gerechtigkeit des Glaubens. Und durch ihn ist in der Kirche seines Namens, der lutherischen Kirche, die Rechtfertigung durch den Glauben, die Vergebung der Sünden, zum Grundartikel, mit dem die Kirche steht und fällt, zum alles beherrschenden Zentrum und zur alles erleuchtenden Sonne geworden, während die Papstkirche durch Verwerfung dieses Artikels sich gänzlich dahingegeben hat in den Dienst des großen Götzen, genannt Selbst- und Werkgerechtigkeit, so daß von ihr noch heute gilt, was von Israel in unserem Texte gesagt ist: sie erkennen die Gerechtigkeit nicht, die vor Gott gilt, sondern suchen ihre eigene Gerechtigkeit aufzurichten, und sind also der Gerechtigkeit, die vor Gott gilt, nicht unterthan.

Das ist der tiefinnerliche Zusammenhang des einzelnen Christenherzens und der Judenmission. Die Judenmission wird nur von dem recht aufgefaßt und recht betrieben werden können, der diesen großen Gegensatz von Werk- und Glaubensgerechtigkeit in sich selbst erlebt hat und mit allen Fasern seines geistlichen Lebens völlig in diesem Grunde der Rechtfertigung allein durch den Glauben, d. h. in der dem Glauben zugerechneten Gerechtigkeit seines Bürgen und Mittlers Jesu Christi wurzelt.

Und eben das ist auch der tiefinnerliche Zusammenhang der Judenmission und der luth. Kirche. Wenn ich frage: welche Kirche hat eigentlich von Gott den Beruf, Judenmission zu treiben und dies Volk zu reizen und zu locken, um ihrer etliche selig zu machen? Zu welcher Kirche will eigentlich der Herr Christus Seine Brüder nach dem Fleische gesammelt haben? In welcher Kirche sollen und können nach der ganzen Führung Gottes mit diesem Volke die aus Israel ihre rechte, geistliche Heimat finden und die rechten Israeliten nach dem Geist und Glauben werden, so weiß ich mit voller Ueberzeugung aus unserem Texte und im Sinne St. Pauli keine andere Antwort zu geben, als diese: allein in der Kirche, in welcher die Rechtfertigung durch den Glauben die alles erleuchtende und belebende Sonne ist, und das ist allein die lutherische Kirche, während die Rechtfertigung durch den Glauben wohl auch ein Lehrsatz neben andern in der sog. reformierten Kirche ist, aber in ihr nicht von solcher Bedeutung und von solcher leuchtenden Klarheit ist und nicht so im Mittelpunkt steht, wie auch schon Zwingli nicht durch Sündenangst und Seelenkämpfe hindurch und nicht aus der Erfahrung des Trostes der Rechtfertigung allein durch den Glauben heraus zum Schweizer Reformator erwachsen ist.

2. Aber, meine Lieben, der Apostel Paulus bleibt bei diesem Gegensatz von Werkgerechtigkeit und Glaubensgerechtigkeit allein nicht stehen, er führt ihn nach einer Seite noch weiter und stellt damit zugleich die Rechtfertigung durch den Glauben in den rechten Zusammenhang hinein, bringt sie in die rechte Verbindung in den Worten Röm. 10, 5.—8. **Moses schreibt wohl von der Gerechtigkeit, die aus dem Gesetz kommt: welcher Mensch dies thut, der wird leben.** Aber das Gesetz thun, die Gebote erfüllen, um dadurch selig zu werden, ist so unmöglich, als sollte der Mensch in den Himmel steigen, um von dort eine fernliegende Gerechtigkeit herabzuholen; es ist eigentlich ein himmelstürmendes Unternehmen, darüber der Mensch nur den Hals bricht und in die Tiefe stürzt; es ist der vergebliche, unmögliche Versuch, eine Himmelsleiter aus eigenen Werken erbauen zu wollen, um von einer Sprosse der guten Werke zur andern bis in den Himmel zu steigen. Die Glaubensgerechtigkeit weist uns nicht solche halsbrecherische Wege zur Seligkeit, um auf unsern eigenen Wegen das Heil zu schaffen, sondern sie weist uns auf die schon erworbene, vorhandene Gerechtigkeit, die nahe zu haben ist, die uns angeboten und nahe gebracht ist und die wir nur im Glauben als Gabe Gottes in Christo Jesu zu nehmen, zu ergreifen und uns zuzueignen haben.

Dies drückt der Apostel so aus: **Aber die Gerechtigkeit aus dem Glauben spricht also: sprich nicht in deinem Herzen: wer will hinauf in den Himmel fahren? (Das ist nichts anders, denn Christum herabholen),** d. h. sprich nicht: die Gerechtigkeit ist so ferne und hoch, so unerreichbar, als läge sie im Himmel und müßte ich sie von dort herabholen. Das ist ebensoviel, als Christum herabholen. Christus ist aber schon herabgekommen und hat die Gerechtigkeit vom Himmel gebracht und auf Erden erworben und ist auch als der Erhöhte und Verklärte noch jetzt auf Erden wahrhaft gegenwärtig; sie ist dir also nahe. Suchst du sie aber noch immer im Himmel und hältst sie für ferne, so ist das ebensoviel, als wolltest du Christum vom Himmel herabholen, als leugnetest du, daß Er schon vom Himmel herabgekommen und Mensch geworden und noch immer als der Erhöhte und Verklärte bei den Seinigen ist alle Tage bis an der Welt Ende. **Oder sprich ebensowenig in deinem Herzen: wer will hinab in die Tiefe fahren?** um die fernliegende und unerreichbare Gerechtigkeit heraufzuholen. Das wäre ebensoviel, als Christum von den Toten holen, d. h. leugnen, daß Er schon auferstanden ist zu unserer Gerechtigkeit und daß Er lebt und als der Lebendige wahrhaft gegenwärtig ist. Aber was sagt sie? Das Wort ist dir nahe, nämlich in deinem Munde und in deinem Herzen; dies ist das Wort vom Glauben, das wir predigen. Das Wort der Gesetzesgerechtigkeit ist ferne im Himmel und in der Tiefe, weil es das unerreichbare Thun zur Seligkeit verlangt; aber das Wort der Glaubensgerechtigkeit ist nahe, weil es nur das leicht erreichbare Glauben an Christi schon vorhandene Gerechtigkeit, nämlich den Glauben des Herzens an Christum und das gläubige Bekenntnis des Mundes von Christo (V. 9 u. 10) zur Seligkeit fordert. Der Apostel fußt dabei auf der Stelle 5 Mos. 30, 12. ff.: Das Gebot, das ich dir heute gebiete, ist dir nicht verborgen, noch zu ferne, noch im Himmel, daß du möchtest sagen: wer will uns in den Himmel führen und uns holen, daß wir es hören und thun! Es ist auch nicht jenseits des Meeres, daß du müßtest sagen: wer will uns über das Meer fahren und uns holen, daß wir es hören und thun? Denn es ist das Wort fast nahe bei dir in deinem Munde und in deinem Herzen, daß du es thuest. Aber absichtlich setzt der Apostel an die Stelle des „Wortes" Jesum Christum, das Wort im Wort, das ewige, persönliche, selbständige Wort, das Fleisch geworden ist in der Zeit uns zu gute Joh. 1, 14. Dieses Wort, Jesus Christus, ist uns von Gott in Seinem Thun und Leiden gemacht zur Gerechtigkeit, 1 Cor. 1, 30.; Er, der Gestorbene und Auferstandene, ist der Herr, unsere Gerechtigkeit, aber nicht der Ferne, Abwesende, sondern der im Fleisch Erschienene, der Nahe und Gegenwärtige. Israel war das Volk der Gottesnähe gegenüber den Heiden, den Völkern der Gottesferne. Gott unter sich wohnen zu haben, wenn auch nur in der Wolke der Herrlichkeit über der Bundeslade, im Dunkel des Allerheiligsten, diese Gnadengegenwart Gottes, die Schechinah, ist die Herrlichkeit und der Ruhm Israels im Alten Bund. Dieselbe Gnadengegenwart, dasselbe Wohnen Gottes ist auch die Herrlichkeit der Kirche des Neuen Bundes; aber ihre Herrlichkeit ist größer, die Gnadengegenwart Gottes im Neuen Bund ist herrlicher, als die im Alten Bund, der nur der Schatten war, in Christo aber ist das Wesen. In der Kirche des Neuen Bundes ist nicht mehr nur Gott wohnend über den Cherubim, sondern das Wort ward Fleisch und wohnte unter uns, und wir sahen Seine Herrlichkeit, eine Herrlichkeit als des eingeborenen Sohnes vom Vater, voller Gnade und Wahrheit Joh. 1, 14., Immanuel Gott im Fleische, Jesus Christus wahrhaft gegenwärtig als der Gottmensch in Seiner Kirche auf Erden, wohnend unter den Lobgesängen Seines Volkes, wandelnd unter den Gemeinen, ja mit Seiner gottmenschlichen

Herrlichkeit selbst da gegenwärtig, wo auch nur zwei oder drei versammelt in Seinem Namen, und mitten unter ihnen Matth. 18, 20.

Siehe, da sind wir nun wieder mitten drin im tiefinnerlichsten Zusammenhang der Judenmission und der luth. Kirche! Wenn ich frage: welche Kirche ist es wieder, deren verborgene, innerliche Herrlichkeit die Gnadengegenwart, die wahrhaftige und leibhaftige Gnadengegenwart Jesu Christi ist, welche Jesum Christum im Fleische bei sich wahrhaftig gegenwärtig glaubt und bekennt und darum auch hat, die in voller Gottes- und Christusnähe lebt und von der Gnadennähe ihres Herrn erfüllt und durchdrungen ist, in welcher auch die aus Israel in die volle Gottesnähe, in die volle Christusnähe kommen und wieder eintreten, die alte Herrlichkeit Israels erneuert und größer, wie sie uns mit aufgedecktem Angesichte in Christo Jesu entgegenstrahlt, wiederfinden können? So kann ich auf diese Frage wiederum aus voller Ueberzeugung nur die eine Antwort geben: keine andere, als die evang.-luth. Kirche. Nicht die reformierte Kirche, denn die hat und bekennt einen fernen, abwesenden Herrn Christus, der als Mensch droben im Himmel eingeschlossen ist, ferne und abgeschlossen von den Seinigen, Er im Himmel, sie auf Erden Waisen gelassen, so ferne, daß es unmöglich ist, zu Ihm zu kommen, und versuchte auch der Glaube (wie nach reformierter Lehre im h. Abendmahl), sich gen Himmel zu schwingen und Christum herabzuholen; Er kann nicht herab, so können wir nicht zu Ihm hinauf; die erträumte Himmelsleiter, welche nach reformierter Meinung der Glaube selber aufzurichten hat im Unterschied von derjenigen, welche Jakob im Traume sah, reicht doch nicht hinauf; es ist noch keiner je mit seinem Glauben gen Himmel zu Christus gefahren! Nicht die römische, die keinen lebendigen, sondern nur einen toten Christus hat, statt Dessen der Papst das sichtbare lebendige Haupt der Kirche ist, und an Dessen Stelle der Priester als Mittler zwischen Gott und den Menschen steht, der in der Machtvollkommenheit seines Amtes immer wieder Christum sterben läßt im Meßopfer und Ihn immer wieder von den Toten holt, wenn er im h. Abendmahl den Leib Christi schafft aus dem Brote durch sein priesterliches Wort. Sondern allein unsere luth. Kirche, die mit ihrem Paul Gerhard singt: ihr dürft euch nicht bemühen, noch sorgen Tag und Nacht, wie ihr Ihn wollet ziehen mit eures Armes Macht. Er kommt, Er kommt mit Willen, ist voller Lieb' und Lust, all' Angst und Not zu stillen, die Ihm an euch bewußt. Das ist aber die Sprache des Glaubens und der Glaubensgerechtigkeit, die da spricht: das Wort ist dir nahe! Sie verbietet alles Hinansteigenwollen zu Ihm, alles schwärmerische, himmelstürmende Treiben und Drängen, und heißt warten, bis

Er kommt. Sie sagt: du kannst nicht zu Ihm aufsteigen, aber Er steigt zu dir herab; Er läßt Sich zu dir herab in deine Niedrigkeit, als der Auferstandene und Erhöhte, als der Lebendige, und ist dir nahe. Und diese Nähe ist in Seinem Wort und Sakrament, als den kräftigen, wirksamen Mitteln Seiner Gnade und den geisterfüllten Trägern Seiner Gegenwart. Da ist der Herr auf Erden zu finden, da ist Er der Nahe und Gegenwärtige als der Christus im Wort, in der Absolution, in der Taufe und im Abendmahl, und durch diese Gnadenmittel wohnend und wirkend in den Gläubigen als den Gliedern Seines Leibes, im Wort und Absolution selber mit uns redend, im Sakrament selber mit uns handelnd. Denn das ist der Fortschritt der Offenbarung Gottes im Neuen Bund, daß die Sakramente nun nicht wieder bloß Schattenbilder sind, denn der Schatten ist dem Wesen im Neuen Bund gewichen, sondern daß die alttestamentlichen Schattenbilder in ihnen ihre Erfüllung gefunden haben, daß der Gott, der da reich ist an Erbarmen, im Neuen Bunde, in welchem Er die ganze Fülle Seiner Gnade und Gaben ausgeschüttet hat, auch wirklich diese Fülle Seiner Gnade wirksam und kräftig in die Sakramente als die hiezu bestimmten Gefäße niedergelegt hat.

Damit sind wir wieder mitten drin in dem tiefinnerlichen Zusammenhang der Judenmission mit der luth. Kirche, welcher das Wort Gottes nicht leerer Schall, wie der reformierten, sondern geisterfülltes Lebenswort, eine Gotteskraft ist zur Seligkeit allen, die daran glauben, das den Glauben schafft, wie der Apostel bezeugt in unserem Kapitel: so kommt nun der Glaube aus der Predigt, das Predigen aber durch das Wort Gottes; die Absolution nicht eine bloße Verkündigung und Verheißung der Sündenvergebung, sondern die wirkliche Austeilung derselben, die wahrhaftige Vergebung auf Erden an Christi Statt, und zwar so, daß sie auch im Himmel giltig ist; das Sakrament der h. Taufe keine bloße Wassertaufe, wie bei den Reformierten und allen Schwarmgeistern, kein bloßes Sinnbild und Gleichnis der Wiedergeburt und Abwaschung der Sünden, sondern das Wasserbad im Wort Ephes. 5, 26., ein wahrhaftiges Bad der Wiedergeburt und Erneuerung des h. Geistes Tit. 3, 5., das da wirket Vergebung der Sünden, erlöst vom Tod und Teufel und gibt die ewige Seligkeit allen, die diesem Wort im Wasser trauen; in welcher das h. Abendmahl nicht bloßes Brot und Wein ist als Bilder, Gleichnisse, Zeichen und Unterpfänder des abwesenden Leibes und Blutes Christi, also daß der Glaube sich in den Himmel schwingen müsse, um dort der Kraft des Leibes und Blutes Christi teilhaftig zu werden, wie die Reformierten träumen, sondern ein Sakrament und göttlich Wortzeichen, darin uns Christus wahrhaftig und gegenwärtig mit Brot und Wein Seinen wahren

Leib und Sein wahrhaftiges Blut schenket und darreichet, und vergewissert uns damit, daß wir haben Verzeihung der Sünden und ein ewiges Leben. Darum stellt unsere luth. Kirche die Rechtfertigung und Vergebung nicht in die Luft, weist uns nicht gen Himmel als zu einer fernen, wie die Schwärmer thun, sondern bindet die Rechtfertigung an diese Nähe, diese Gnadengegenwart Jesu Christi, der unsere Gerechtigkeit ist, zeigt uns die Vergebung im Wort, darin sie uns bezeugt und angeboten, in der Absolution, darin sie uns mitgeteilt, in Taufe und Abendmahl, darin sie uns unterpfändlich versichert und versiegelt wird. Ist da die luth. Kirche nicht die rechte Kirche, der rechte Sammelort für Israel, der rechte Schafstall für die verlorenen Schafe aus dem Hause Israel, in welcher sie nicht wieder nur vorbildliche Beschneidung und Passamahl, sondern die rechte Beschneidung Christi Col. 2, 11. und das rechte Neutestamentliche Passamahl des wahren Osterlämmleins Gottes, welches ist unser Herr Jesus Christus für uns geschlachtet 1 Cor. 5, 7, finden?

3. Unser Text schließt mit den Worten: **Es ist hier kein Unterschied unter Juden und Griechen; es ist ihrer allzumal Ein Herr, reich über alle, die Ihn anrufen. Denn wer den Namen des Herrn anrufen wird, soll selig werden.** Ja die ganze Darlegung Kap. 9—11 schließt mit dem Worte: Gott hat alles beschlossen unter den Unglauben, auf daß Er Sich aller erbarme. Siehe da den Liebesratschluß Gottes, der ausläuft in das allumfassende Erbarmen Gottes, in das alle Völker und alle Menschen, eine ganze verlorene Sünderwelt eingeschlossen ist von der Liebe, mit welcher Gott die Welt also geliebt hat, daß Er Seinen eingeborenen Sohn gab, und nicht will, daß nur Eines verloren werde, sondern daß sie alle zur Erkenntnis der Wahrheit kommen.

Siehe da die Tiefe des Reichtums beides der Weisheit und Erkenntnis Gottes in dem göttlichen Heilsplan, der die Heiden ihre eigenen Wege gehen ließ und Israel zum Volk des Eigentums erwählte, damit das Heil von den Juden zu den Heiden käme und Gott nachher aller zumal Ein Herr sei, reich über alle, die Ihn anrufen, und ohne Unterschied zwischen Juden und Heiden jeder selig werde, welcher den Namen des Herrn anruft; der selbst durch den Abfall Israels sich durchgesetzt hat zum Heile der Heiden. So ist der Ratschluß Gottes, der schon in Abraham das Ziel sich gesteckt hat: in dir sollen gesegnet werden alle Geschlechter auf Erden! in seiner Einschränkung in Christo Jesu ausgeführt und verwirklicht worden: hier ist kein Jude noch Grieche, kein Knecht noch Freier, kein Mann noch Weib; denn ihr seid allzumal Einer in Christo Jesu Gal. 3, 28., und er soll bereinst seinen Abschluß finden zum ewigen Lobpreis Gottes in dem: von Ihm und durch Ihn und zu

Ihm sind alle Dinge, Ihm sei Ehre in Ewigkeit Röm. 11, 36.

Siehe da! noch einmal der tiefinnerliche Zusammenhang der Judenmission und der luth. Kirche! Wenn ich frage: welche Kirche ist es, die diesen allgemeinen Liebesratschluß Gottes voll und ganz erkennt und freudig anerkannt, ihn ungetrübt und unverkürzt bekennt und verkündigt, und ihn nicht einschränkt, verzerrt und verkehrt in einen geheimen Willen und Ratschluß Gottes, der neben dem offenbaren Willen Gottes herläuft und den allgemeinen Liebesratschluß Gottes wieder aufhebt, nach welchem Gott nicht wolle, daß alle selig werden, sondern von Ewigkeit her schon die einen vorherbestimmt habe zur Verdammnis, wie die Irrlehre der reformierten Kirche lautet, so weiß ich auch darauf aus voller Ueberzeugung nur zu antworten: Die ev. luth. Kirche, dann ist sie aber auch die Kirche, in welche auch die aus Israel gewiesen sind, um zur heilsamen Erkenntnis der wunderbaren Wege und Gerichte Gottes mit Israel zu gelangen, um den anzubeten, der als der einige Gott gerecht macht die Beschneidung aus dem Glauben und die Vorhaut durch den Glauben Röm. 3, 30.

Dies ist der schriftgemäße, in unserem verlesenen Gotteswort begründete Zusammenhang der Judenmission und der luth. Kirche. Dieß soll auch der Zusammenhang beider in unsern Herzen sein. Das soll uns das Herz gewinnen für die Liebe zu Israel und für die Liebe zur luth. Kirche, daß, wie wir Herz und Sinn haben für die Mission unter Israel, so uns auch wieder Herz und Sinn öffnen lassen für unsere eigene, uns leider nur zu sehr fremde Kirche, die Kirche des reinen Wortes und Sakramentes, die wahre, rechtgläubige Kirche, die wir wieder zu größerer und besserer Erkenntnis ihrer Schätze und Güter, ihrer Herrlichkeit und ihrer Vorzüge, ihrer reinen Lehre und ihres lautern Glaubens in dieser letzten betrübten Zeit kommen, und eingedenk des apostolischen Wortes in unserem Texte: **so man von Herzen glaubt, so wird man gerecht, und so man mit dem Munde bekennt, so wird man selig**, welches das Bekenntnis unzertrennlich mit dem Glauben verknüpft und die Seligkeit an das gläubige Bekenntnis in Wort und That bindet, — eingedenk dieses Wortes am Wiederaufbau der luth. Kirche freudig in unserem Teile mitarbeiten, damit ihre Lücken verzäunt, und sie wieder geschickt werde, in dieser Zeit der Trennung und der Scheidung der Sammelplatz der Verirrten und Verlorenen, der Bedrängten und Geängsteten, aber auch der Begnadigten und Gerechtfertigten, insbesondere aber der Entschiedenen und Treuen zu werden, daß auch wir selber wieder, die wir ja ihre Kinder sind, zu ihr gesammelt werden als ihre lebendigen Glieder, und daß auch die übrigen nach der Wahl der Gnaden aus Israel noch in sie eingehen und Ein Leib, Eine

Kirche mit uns, sich rüsten auf die Wiederkunft ihres und unseres Herrn und Christ, Ihn in Seiner wahren, rechten Kirche mit Freuden zu empfangen, wann Er kommen wird. Der Herr aber lasse auch unsere vaterländische Mission unter Israel dazu gesegnet sein, in ihrem Teil zur Auferbauung Seiner wahren, rechtgläubigen Kirche unter Christen und Juden mitzuhelfen, zur Ehre Seines heiligen Namens!

Wünschet Jerusalem Glück, es müsse wohl gehen denen, die dich lieben! Ps. 122. Amen!

Pfarrer Joh. Friedr. Eberhard Eberle.

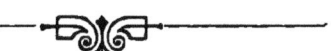